I GRANDI LIBRI 3

Collana diretta da Giuseppe Bonfrate e Stella Morra

Giuseppe Bonfrate

MAURICE BLONDEL
STORIA E
DOGMA

Pontificia Università Gregoriana
Pontificio Istituto Biblico

Progetto grafico: Yattagraf srsl

© 2021 Gregorian & Biblical Press
Piazza della Pilotta 35, 00187 - Roma
www.gbpress.org - info@biblicum.com

ISBN 978-88-7839-**463**-6

Premessa

«I classici sono i libri che esercitano un'influenza particolare sia quando s'impongono come indimenticabili, sia quando si nascondono nelle pieghe della memoria mimetizzandosi da inconscio collettivo o individuale... un classico è un libro che non ha mai finito di dire quel che ha da dire»[1].

Storia e dogma appartiene a quei libri che hanno una vita lunga, perché è capace di raggiungerci, dopo aver raccolto il testimone di un'inquietudine che lo precede e che ci consegna, permettendoci non solo di affrontare il nostro tempo, ma di superarlo nella visione di un futuro che ha saputo intuire.

I temi qui contenuti si condensano tra fine Ottocento e primi anni del Novecento, all'interno di un conflitto che non ci deve apparire estraneo, riguardo il rapporto tra storia e dogma, nella relazione tra vita e dottrina, e tra natura e soprannatura. Il metodo storico critico aveva guardato alle fonti e alla vita cristiana in modo nuovo, dando giustamente valore agli autori, al contesto spirituale e culturale, ai generi letterari, al processo redazionale, ma correndo il rischio, questo è il pericolo avvertito da Blondel, che tutto risultasse comprensibile all'interno della sola esperienza

---

[1] ITALO CALVINO, «Perché leggere i classici», *L'Espresso*, 28 giugno 1981, poi in *Perché leggere i classici*, Mondadori, Milano 1991, 13.

umana, lasciando fuori l'azione di Dio. Mentre i fatti che stanno alla base della fede non potrebbero essere i soli a giustificarla. Nel rapporto con la Scrittura, l'elaborazione della dottrina e la formazione dei dogmi risulterebbero come dipendenti esclusivamente dalla storia. La teologia dell'epoca reagiva capovolgendo il quadro, come se la storia, invece, dovesse dipendere assolutamente dal dogma, inteso nella sua forma cristallizzata, impermeabile, intangibile. Prolungando l'antica lotta tra lettera e spirito. Riflesso di un Dio che avrebbe riversato tutto se stesso nelle formule, abdicando alla sua presenza viva nel mondo. La fede ne sarebbe uscita desolata. La reazione di Blondel è netta. Non si piega all'eventualità che si debba insegnare a credere come si indottrina, «con gli occhi bendati», in nome di un Dio confinato nell'astrattezza, asservito alle pretese dell'ideologia dogmatica, impedito d'essere trovato nei fatti umani. Lasciando aperte le ostilità, si finirebbe per rimanere prigionieri della secca alternativa tra una storia senza fede e una fede senza storia. S'ode l'eco delle antiche controversie che avevano messo in pericolo l'unità del mistero del figlio di Dio, allontanando la carne dal Verbo, e proiettando sulla vita due ordini inconciliabili per comprendere se stessi, il mondo, e Dio.

Dunque, mentre alcuni farebbero discendere tutto dai sacri testi, altri dai fatti, Blondel, da filosofo qual è, ricorda che il pensiero nulla sarebbe senza la vita, e che la vita non potrebbe inverarsi senza il pensiero. Immettendo una reciprocità che prepara la soluzione al conflitto tra le due "mentalità" antagoniste, la Tradizione. Essa rappresenta lo sforzo complessivo delle generazioni credenti, di far rifluire alla sorgente le correnti di vita e di pensiero che i secoli cristiani hanno accumulato sul Vangelo. La Tradizione, creduta e usata come emblema della conservazione, scopre continuamente, invece, col sentimento di ritrovarle, verità trattenute nella profondità della fede e della pratica, di cui il passato è impregnato, in attesa del tempo opportuno, senza averle ancora pienamente espresse e formulate. Veicola, in questo modo, il passaggio «dall'implicito vissuto all'esplicito conosciuto». Un rinvenimento che conservando e preservando, questa è la sua fedeltà, svolge il compito di insegnare continuamente del nuovo, facendo dialogare in ogni tempo vita e dottrina, esteriorità e interiorità. Un dialogo che realizza il suo *progresso*, un dialogo che manifesta la vita e la compagnia di Dio nella storia. Ma, ieri, come oggi, c'è chi è ossessionato da una «fissità distruttiva che mutila ogni crescita vitale». Convinto che l'essenza divina vada spremuta da un frutto colto nel più lontano tra i tempi, fasciando il dogma come si trattasse di una mummia, riducendo i teologi a «guardiani di museo», e gli storici ad archeologi in ricerca del più antico reperto: *quanto son difettivi silogismi quei che ti fanno in basso batter l'ali!* (*Paradiso* XI, 2-3). Un dialogo tra sordi, tra chi «cerca troppa luce solo in sé».

Ma siamo alla Premessa, non dobbiamo anticipare tutto, mentre è necessario, ora, indicare la struttura di questo piccolo libro, non tralasciando di considerare che «leggere il libro fatto dall'uomo è un'operazione ostetrica. Lungi da essere un atto di astrazione, la lettura è un atto di incarnazione. Leggere è un atto somatico, corporeo di assistenza al parto, che attesta il senso generato da tutte le cose incontrate dal pellegrino nel suo viaggio attraverso le pagine»[2]. Questo è quanto mi accade quando leggo libri che segnano, come *Histoire et dogme* di Maurice Blondel.

---

[2] Ivan Illich, *Nella vigna del testo. Per una etologia della lettura*, Raffaello Cortina Editore, Milano 1994, 130.

Il libro che avete appena aperto, si compone di due sezioni. La prima è una messa in scena dell'*inquietudine* che collega autori e sentimenti ai diversi filoni teologici, spirituali e culturali che confluiscono nella controversia al centro di *Storia e dogma*. Nessun libro potrebbe esistere senza confessare d'essere parte di una genealogia. La seconda sezione realizza quello che fa del libro un classico, vivendo oltre il suo tempo, generando una posterità, e immettendo il lettore nella condizione di *pensare insieme al testo*[3], e di verificarne non solo l'attualità, ma pure l'ispirazione che nutre le visioni.

4 ottobre 2021

---

[3] Il testo di *Storia e dogma* è citato secondo l'edizione di Guglielmo Forni, Maurice Blondel, *Storia e dogma*, Queriniana, Brescia 1992. Mi sono riservato, nel continuo confronto con la versione originale (*Les premiers* écrits *de Maurice Blondel*, P.U.F., Parigi 1956, 149-228), di inserire, talvolta, alcune varianti.

Introduzione

I tempi esigevano, da chi voleva veramente capire, una vigile sobrietà d'animo, e un senso lucido e drammatico della storia evento di verità. Stavano maturando pensieri, mettendosi a fuoco visioni, consolidandosi pratiche, manifestandosi disincanti. Il tutto si era accumulato, non sempre distinguendosi, lungo un sentiero sommerso nei secoli, che come un fiume carsico, talvolta emerge per poi tornare in profondità, mai cessando di scorrere. Le fattezze dell'umanità apparivano esauste, consunte dalla sicurezza con cui ne avevano misurato forza, resistenza, possibilità. Le narrazioni estinguevano la voce possente della fiducia senza ostacoli. Qualcuno riaggiustava il tono nel vigore di una ragione rapida, deduttiva, foriera di un futuro vittorioso. Eppure, *flatus vocis*, riaffiorava l'inquietudine, il senso di un appagamento affamato, il suono ferito della vita vera. Come sempre sul ciglio per rassicurarsi del proprio equilibrio, lungo i margini angusti delle resistenze per invocare l'audacia che traveste la vulnerabilità, si diceva che tutto andasse bene, ma divaricando le patrie dell'autosufficienza dei contrari, compresse nella rigidità autodifensiva. Dagli opposti si sguainava la spada della ragione per indicare l'altro come irrazionale e pericoloso, mentre si muoveva tra le trasparenti vetrine di una verità serrata come dentro un museo. Si poteva continuare a trattare la fede, la vita, le radici, le speranze, e le esigenze per esplorarle, negandogli la possibilità della relazione, del dialogo, della compatibilità. Come sarebbe stato possibile, allora, annunciare la bella notizia dell'inesauribile volontà divina di approssimarsi nella distanza?

Da una parte si brandiva la storia, dall'altra il dogma, come vessilli di nazioni in guerra. Ed era solo una nuova puntata della lunghissima belligeranza tra vita e dottrina, avendo smarrito l'evidenza della loro connaturalità. Quando le parole di vita si pietrificano, finiscono per essere scagliate tramutandosi in sentenze di morte.

Siamo all'inizio del Novecento e Maurice Blondel, professore di filosofia all'Università di Aix en Provence, conosce la morsa della tenaglia che stringe, avendo appreso su di sé il peso della contesa. Sin dal tempo della sua discussione dottorale in Sorbonne sull'*Action* (1893) gli era toccato difendersi da accuse contrapposte: gli accademici congetturavano che il suo vigore e la serrata dialettica da apologeta potesse indebolire l'autonomia filosofica, al contempo, i cattolici sospettavano una tendenza naturalista, con riconoscibile accento kantiano, contaminante il cristianesimo. Eppure, proprio per evitare la separazione kantiana tra ragione speculativa e ragione pratica, e i conseguenti fenomenismo e soggettivismo, aveva impegnato il suo acume filosofico[1]. Ne aveva sofferto, e la stretta interiore continuava a provocare dolore. Eccolo, *in partibus infidelium*[2]. Ora,

---

[1] Cf. Anna Vittoria Fabriziani, *Blondel e i neotomisti. Momenti di un dibattito epistemologico*, Rubbettino, Soveria Mannelli, 2005.

[2] «Philosophe *in partibus infidelium*», condizione in cui Blondel si riconosce dopo aver ascoltato, in un suo passaggio romano, la «trionfante esibizione» di gesuiti e domenicani, da cui, confida, «quanto mi sentissi lontano», ma «verso la quale, tuttavia, mi rivolgo obbediente come verso il motore immobile», Maurice Blondel – Lucien Laberthonnière, *Corre-*

però, non è lui in causa, ma qualcosa che gli sta a cuore: la sopravvivenza della relazione tra conoscenza sensibile, cioè teoria della realtà, compresa quella religiosa, completamente conoscibile tramite la ragione, senza che si tramuti in razionalismo, e la sua apertura al trascendente, tracciata nella storia. Ha di fronte due gruppi che incarnano due visioni opposte, antagoniste, ma che in comune, oltre a non avvertire la crisi o l'inadeguatezza dei propri sistemi, oltre a non cogliere l'esigenza di una necessaria ricomprensione da operare, hanno un tarlo, che si potrebbe definire *tarlo della ragion sufficiente*. Dobbiamo arrivarci con calma, presentando il contesto che ha un perimetro largo e una profondità che raggiunge inquietudini lontane. Poi si tratterà di conoscere le due posizioni tra loro in opposizione, *estrinsecisti* e *storicisti*[3], seguendo gli appunti critici di Blondel e il suo

---

spondance philosophique. Publiée et présentée par CLAUDE TRESMONTANT, Editions du Seuil, Parigi 1961, 88 (Lettera del 7 marzo 1895). Col passare degli anni, il fraintendimento del suo pensiero continuò, rivolgendogli sempre la stessa accusa, come testimonia un articolo – pistola caricata da *altri* - dello *spregiudicato* Virgilio Scattolini (artefice in seguito dell'invenzione di documenti passati ai servizi segreti italiani, statunitensi e sovietici), apparso sul *L'Osservatore romano* del 22 novembre 1934, in cui, facendo riferimento a «i vari Blondel» se ne denunciava l'obiettivo: «la distruzione del tomismo e della scolastica, per sostituirvi la filosofia di Kant». Una riflessione a parte sarebbe necessaria sulla relazione e differenza tra autorità e potere e il loro cortocircuito, per affrontare nodi ancora stretti sulle vicende di quel periodo, e presenti in modalità non estinte nel tessuto prevalentemente clericale: forme surrettizie di indagini senza possibilità di difesa, accuse anonime, l'odiosa vaghezza dei 'si dice', le delazioni, le sentenze senza equo dibattimento, le sottomissioni imposte e patite in nome di una presunta autorità, si sono rivelate solo abusi di potere, colpi mortali al sano principio di autorità.

[3] «Userò neologismi barbari, ma che serviranno a fissare l'attenzione…L'estrinsecismo e lo storicismo sono due soluzioni diversamente incomplete, ma ugualmente pericolose per la fede, del problema essenziale che si è oggi posto innanzi alla coscienza cristiana; sono due estre-

proposito di offrire una soluzione mediana, tramite il ripensamento della Tradizione.

L'interlocutore di questo piccolo scritto (72 pagine nella prima composizione a stampa) potrebbe sembrare soltanto il biblista Alfred Loisy, formatosi sotto l'influenza di Louis Duchesne ed Ernest Renan, capofila di uno dei fronti, che certamente incarna il motivo stringente che lo induce a scrivere (*le lacune filosofiche dell'esegesi moderna*). Ma non volendo innalzare nessuna barriera di principio, emergerà anche l'antagonista, Hippolyte Gayraud[4], e dietro lui, soprattutto, un modo di fare teologia.

Aix, 20 novembre 1903

Caro amico,

mi chiedete qual è, tra le difficoltà che solleva oggi il problema biblico, il mio atteggiamento personale, e come, per il poco che tocca la mia competenza, io consideri le questioni di metodo e di dottrina che tormentano in questo periodo molti spiriti. Vi risponderò con tutta la chiarezza possibile; e se voi credete che queste poche pagine possano aiutare alcuni vostri lettori a operare una scelta necessaria, conso-

---

mi opposti, ma dello stesso genere, che si fondano sulle stesse abitudini mentali, soffrono di analoghe lacune filosofiche e si aggravano con il loro stesso conflitto», MAURICE BLONDEL, *Storia e dogma*, Edizione italiana a cura di GUGLIELMO FORNI, Editrice Queriniana, Brescia 1992, 46.

[4] L'abbé e deputato Hippolyte Gayraud (1856-1911) si forma nell'ordine domenicano, esponente del cattolicesimo repubblicano, aderisce alla Terza Repubblica per il *Ralliement* auspicato dall'Enciclica di Leone XIII, *Au milieu des sollicitudes* (16 febbraio 1892), abbandonando, così, il legittimismo monarchico: si trattò di un contributo dei cattolici francesi all'esperienza di una destra conservatrice per rendere agevole l'accoglienza delle istanze repubblicane. Teologo scolastico, fu veemente capofila dell'intransigente critica alle opere di Loisy.

lidando la loro fede intera senza ferire alcuna esigenza legittima del loro pensiero, sarò felice di vederle pubblicate: vi sono momenti critici in cui ognuno si sente interrogato dalla comune ansietà e in cui il dovere del credente, anche di quello più amico del silenzio, è di portare, per coloro che può utilmente raggiungere, la sua umile testimonianza.
Non potremmo nascondercelo: un conflitto, sempre più acuto e generale, si manifesta tra tendenze che in ogni ambito, sociale, politico, filosofico, spingono i cattolici gli uni contro gli altri. Si potrebbe quasi dire che vi sono ora, specialmente in Francia, due «mentalità cattoliche» del tutto incompatibili. Ed è questo chiaramente uno stato anormale, poiché non potrebbero esservi due cattolicesimi. [...] Mi limiterò a un punto particolare, per quanto collegato a tutto il resto, [...] al problema dei rapporti del dogma con la storia e del metodo critico con l'autorità necessaria delle formule dottrinali[5].

Queste righe segnano la prima battuta della riflessione di Maurice Blondel, indirizzata in forma epistolare a Georges Fonsegrive Lespinasse, Direttore de *La Quinzaine*, rivista del cattolicesimo liberale francese. Il 2 dicembre 1902, il Direttore, nelle note bibliografiche aveva segnalato la pubblicazione de *L'Évangile et l'Église* di Loisy, presentendo il nascere di tensioni, trattandosi di «Pagine forti, in cui potranno dispiacere espressioni che appartengono al peculiare linguaggio dell'autore e che saranno, temo, intese dai lettori in un senso che esula dal pensiero di Loisy». L'intervento di Blondel, diviso in tre parti[6], dispiega la

---

[5] *Storia e dogma*, 39-40.
[6] *La Quinzaine* Tomo LVI (1904), 16 gennaio, 1 e 16 febbraio, 145-167; 349-373; 433-458, in seguito, in *Les Premieres Écrits de M. Blondel, Lettre sur les exigences de la penseé contemporaine en matière d'apologétique* (1896), *Histoire et Dogme*, Parigi 1956. La forma epi-

pubblicazione di *Storia e dogma*. Subito si circostanziano la denuncia, lo stato d'animo e gli intenti della riflessione - «dovere del credente, anche di quello più amico del silenzio». Il tutto è avvolto dall'ombra di «un conflitto» tra «mentalità cattoliche».

Due mentalità, due approcci, ritenuti inconciliabili, per quanto ognuno manifestasse verità irrinunciabili: la divaricazione, effetto dell'autoreferenzialità che esaspera la singola posizione, avrebbe danneggiato le loro premesse. Ciò che poteva salvarsi facendo circolare vita dalla storia al dogma e dal dogma alla storia, soccombe alla contrapposizione.

Lo storicismo coltivava l'illusione che la parzialità potesse perseguire l'obiettivo della totalità, presumendo che

---

stolare fu scelta da Blondel per esprimere le sue posizioni, e fu spedita da Aix a Parigi, rue de Miromesnil, 62, sede della Rivista *La Quinzaine*, dove apparse in tre parti, il 16 gennaio, il 1 e il 16 febbraio 1904. L'elaborazione comincia a fine novembre, quindi la data apposta, 20 novembre 1903, corrisponde all'inizio della sua riflessione, che precede la messa all'Indice delle opere di Loisy, avvenuta il 16 dicembre, Cf. RENÉ MARLÉ, *Au coeur de la crise moderniste. Le dossier inédit d'une controverse*, Éditions Aubier, Parigi 1960, 170. Il 13 febbraio Blondel scrive ad Augustin Leger, suo antico allievo del *Collège Stanislas* di Parigi che prendere parola pubblica in quel frangente, malgrado le esitazioni, era stato per lui obbedire a un dovere ispirato a: «Chi ama i suoi *amici* più di me non è degno di me» (Cf. *Mt* 10, 37; cf. *Ivi,* 187). L'introduzione della categoria amicale nell'ammonimento evangelico, nonostante il clima polemico, evoca simpateticamente i nomi dei principali interlocutori delle sue riflessioni, Hippolyte Gayraud e Alfred Loisy, rappresentanti delle due tendenze, estrinsecismo e storicismo, che in quel momento esprimevano l'erronea polarizzazione sul valore da assegnare ai fatti e alla fede, nell'approccio di metodo e dottrina alla pagina biblica. Infatti, il sottotitolo dell'intervento di Blondel recita, *Le lacune filosofiche dell'esegesi moderna*. Sulle 72 pagine complessive della pubblicazione originaria, 6 sono dedicate all'estrinsecismo, 35 allo storicismo, e 25 per le riflessioni compiute secondo l'intenzione di dirimere in conflitto mediando tramite il concetto di Tradizione.

la sola scienza storica fosse in grado di catturare l'integralità di quanto accaduto misurando i singoli fatti. Un simile proposito, è subito evidente, non avrebbe considerato il carattere vivente della storia. Essa è esperienza sempre in atto, - come aveva avuto modo di spiegare attraverso la sua riflessione intorno all'*Action* [7]-, che *coinvolge* superandosi. Avviene, in essa, il combinarsi di biografie e di sintomi irrintracciabili senza un orecchio, e un occhio che sapessero valutare il peso dell'invisibile, il gradiente metafisico di quanto avviene, il soprannaturale che innerva la storia quanto il dogma. Chi praticava la scienza storica considerava una contraddizione accostare la realtà al soprannaturale che risultava indimostrabile, confinato alle credenze e contrapposto a quanto viene, poi, definito storicamente. Il carattere neutrale della scienza rischia di

---

[7] Quando nel 1893 pubblicò L'*Action*, fu chiara la sua determinazione: validare filosoficamente una correlazione nell'agire umano, nonostante la distanza ritenuta inconciliabile, tra natura e soprannatura, tra volontà e dono, come già «Aristotele ne aveva un presentimento, quando diceva: nell'uomo c'è una vita migliore della vita dell'uomo. E questa vita non può essere alimentata dall'uomo. È necessario che qualcosa di divino abiti in lui. A rigore la nozione del soprannaturale è questa: assolutamente impossibile e assolutamente necessario all'uomo. L'azione dell'uomo trascende l'uomo; e lo sforzo supremo della sua ragione consiste nel vedere che egli non può, che non deve circoscriversi a essa. È un'attesa sincera del messia ignoto, un battesimo di desiderio che la scienza umana è impotente a provocare, perché questo stesso bisogno è un dono. La scienza può mostrarne la necessità, non può farlo nascere. In effetti se bisogna istituire una associazione reale e cooperare con Dio, come presumere di riuscirvi, senza riconoscere che Dio rimane padrone assoluto del suo dono e della sua operazione? Questo riconoscimento è necessario, ma cessa di essere efficace, se non facciamo appello al mediatore ignorato, se ci chiudiamo al salvatore rivelato», MAURICE BLONDEL, *L'azione. Saggio di una critica della vita e di una scienza della prassi*, Edizioni San Paolo, Cinisello Balsamo 1993, 491-492.

avvilirsi inseguendo una esangue neutralità. Urgeva, allora, partire dalla constatazione, necessaria alla storiografia quanto alla teologia, che «la storia non basta al dogma, né i fatti alla fede»[8].

Come definire, poi, il fatto storico, e come chiarire il rapporto tra lo storico e il credente, evitando la divaricazione tra il Cristo della storia e il Cristo della fede? Un latente docetismo si opponeva non reggendo lo scandalo dell'incarnazione. Eventualità possibile quando lo storico non persegue altro interesse che per le tracce umane. E così pure nel caso dei teologi che per confermare l'inalienabilità del proprio pensiero mettono l'onnipotenza di Dio contro la sua vera carne mortale: un Dio che non può diventare umano diventa, allora, la garanzia di una teologia perfetta, in quanto astratta, estranea, al sicuro da ogni contaminazione. Per questi la scientificità si sarebbe misurata con l'insopprimibile e intangibile distanza del divino, per gli altri con l'assenza.

L'estrinsecismo, considerava irrilevante la fattualità, così da non ritenere la fede una disposizione interiore che coinvolge intelligenza, affetti e volontà. Elementi che compongono l'mpasto di ogni storia, a partire da quella al centro del Vangelo, che si presenta *in cerca di una totalità*, la cui complessità non trova posto nel «raziocinio astratto». Si veniva a creare un cortocircuito, effetto dell'inganno di una ragione circospetta. Come si poteva tenersi lontani dal penetrare la polimorfia generata dalla relazione fede-vita? O ritenere inconciliabile che ciò che risulta umano nella storia potesse risultare anche divino nella dottrina?

> Coloro che hanno la più grande fede nella ragione, nei suoi metodi sapienti e complessi, nella ricchezza della

---

[8] *Storia e dogma*, 49.

realtà, nella profondità della vita spirituale, sono anche coloro che diffidano maggiormente di un argomentare astratto e scolastico, quando si tratta di radicare in noi e di giustificare le esigenze complessive di una religione che reclama tutto l'uomo. Così dunque, estrinseca la relazione del segno alla cosa significata, estrinseca la connessione del nostro pensiero e della nostra vita con le verità che si propongono loro dal di fuori; tale è, nella magrezza della sua nudità, l'estrinsecismo, che mancando di forza per fare circolare la vita dai fatti ai dogmi o dai dogmi ai fatti, li lascia volta a volta ricadere tirannicamente gli uni sugli altri[9].

Egemone la prova, le Scritture venivano ridotte a contenitore di argomenti, estrapolati come insegnamenti a cui aderire nel suggello autoritativo della divina garanzia:

Dal punto di vista della prova, l'importante è stabilire *che* Dio ha agito e parlato, non di esaminare *ciò* che ha detto e fatto per mezzo di strumenti umani; poiché la considerazione stessa del lato storico o naturale dei fatti è esclusa dall'argomentazione su cui si fonda l'autorità della Bibbia, in seguito la critica interna dei testi e la curiosità dello storico sembrano futili o perfino sacrileghe, appena non siano strettamente subordinate alle necessità della tesi e pretendano a una pur provvisoria indipendenza. La Bibbia è garantita in blocco, non dal suo contenuto ma dal sigillo esterno del divino: perché verificarne i particolari? Essa è piena della scienza assoluta, fissata nella sua eterna verità: perché cercarne le condizioni umane ed il senso relativo? Il procedimento logico di un esegeta formato da questi pensieri è quindi di prendere i testi alla lettera e di sottoporre ogni studio critico alle esigenze sovrane dell'ideologia dogmatica: i fatti, senza età, senza

---

[9] *Ivi*, 50.

colore locale, per una specie di docetismo perpetuo, svaniscono in una luce priva d'ombra, si cancellano sotto il peso dell'assoluto da cui sono schiacciati. La "storia storica" non era entrata nella fortezza; vi entrerà ancor meno alla fine[10].

Se la *storia storica* è parte del contenuto della Scrittura, diventa il suo gancio di senso per la credibilità di quanto trasmesso. Quello che si crede, lo si comprende verificandolo e realizzandolo nella pratica dell'esistenza, nella vita dei fedeli.

Si dovrà affrontare la questione di metodo, non estinguendo il valore delle verità contenute o il «valore dell'ispirazione complessiva della Bibbia»[11]. Andava cercata una mediazione, la cui natura è ermeneutica, alla ricerca di una sintesi - «non nei soli fatti o nelle sole idee»[12] - che non sacrificasse nessuna delle due posizioni, limitandosi all'indicazione delle insufficienze. In ciascuna di esse bisognava iniettare il rimedio necessario, solo parzialmente presente nell'una senza l'altra. Altrimenti sarebbero state condannate all'insignificanza e all'errore. L'elemento che gli appare risolutivo è quello della Tradizione, «forza conservatrice», «conquistatrice», «preservatrice», «educatrice» e «iniziatrice» che «fa continuamente passare dall'implicito vissuto all'esplicito conosciuto»[13], che

---

[10] *Ivi*, 51-52.
[11] Blondel precisa: «Non metto affatto in dubbio il valore assoluto e l'ispirazione complessiva della Bibbia, e neanche il metodo che procede da questa tesi di fede: cercherò al contrario come questa affermazione globale sia in realtà necessaria e giustificabile. Non si voglia mai confondere la critica dei metodi e delle giustificazioni con la critica delle verità stesse di cui ci proponiamo appunto qui di rafforzare le prove», *Ivi*, 51, nota 6.
[12] *Ivi*, 111.
[13] Cf. *Ivi*, 107-108.

sa conservare del passato non tanto l'aspetto intellettuale, quanto la realtà vitale...Si fonda certamente sui testi, ma si fonda insieme e anzitutto su qualcos'altro, su una esperienza sempre in atto che le permette di rimanere, in un certo senso, padrona dei testi invece di esserne strettamente dominata[14].

La questione che deve trovare una soluzione si raccoglie nella domanda: Come può legittimamente la Bibbia sostenere e garantire la Chiesa, e la Chiesa sostenere e garantire la Bibbia? E lì dove storia e dogma sono in contrasto, è necessario «un legame che ne operi la sintesi e ne mantenga la connessione senza comprometterne la relativa indipendenza»[15]. Il soggetto di questa mediazione sarà plurale:

l'analisi più esatta dei testi e lo sforzo del pensiero individuale non bastano. Occorre la mediazione della vita collettiva e il lavoro lento, progressivo, della Tradizione cristiana[16].

Si intravede il risorgere di una fede che si struttura biograficamente, nella Chiesa-popolo, che vivendo vivifica e verifica ciò che crede e insegna.

Ma non sarebbe stata impresa facile. Per questo occorrerà scrutare nel fitto ordito delle convinzioni tra loro opposte.

Si trattava di un conflitto maturato dentro un fermento culturale e spirituale. Vi erano aspirazioni al rinnovamento religioso, un'emergente sensibilità sociale che non si limitava a gruppi di intellettuali, e che andava ben oltre la dimensione dottrinale e culturale. Elementi indicatori di una crisi, di un malessere del cattolicesimo europeo, dei luoghi di formazione, quali i seminari e le facoltà eccle-

---

[14] *Ivi*, 108.
[15] *Ivi*, 103.
[16] *Ivi*, 110.

siastiche, dove si manifestava l'insufficienza culturale a motivo dell'esasperato formalismo scolastico.

Stava facendosi strada la consapevolezza di essere inseriti nelle vicende e nella storia dell'umanità, non solo come titolari di un compito, ma pure come beneficiati, nel riconoscimento da parte della Chiesa «di quanto essa abbia ricevuto dalla storia e dall'evoluzione del genere umano» (*Gaudium et spes* 44).

PARTE I: L'INQUIETUDINE

CAP. I

Un cristianesimo senza bastioni e il Modernismo

È necessario, ora, descrivere lo sfondo, il clima, gli ambienti e quel che vi fermenta. E per far questo dobbiamo impuntarci sul fenomeno che tutto avvolge, il Modernismo[1].

---

[1] Intorno alla tendenza storica di marca hegeliana di Ernest Renan (1823-1892), forieri il conflitto manifesto tra fedeltà ecclesiale e coscienze inquiete di fronte alle nuove conoscenze scientifiche e al metodo storico critico applicato alle fonti cristiane, la mutazione degli assetti socio-politici per la dissoluzione dell'*ancien régime*, e l'introduzione della produzione industriale, si manifesta la crisi dei presupposti del principio di autorità religiosa, anche nei riflessi culturali, sociali e politici. Il termine "modernismo" ha antenati positivi nel Rinascimento quando Marsilio da Padova ed Erasmo da Rotterdam prospettavano una modernizzazione della Chiesa. Tra i primi ad adoperare il termine ci sono Lutero, nell'indirizzo dei filosofi nominalisti, e Rousseau per indicare l'edonismo materialista. L'uso in chiave accesamente polemica viene introdotto dall'olandese Abraham Kuyper, calvinista ortodosso, intorno al 1871; mentre in Italia sarà immesso da padre Matteo Liberatore su *La Civiltà Cattolica* nel 1883, in riferimento a quanto riportato da Charles Périn, professore dell'Université catholique de Louvain, riguardo le minacce che venivano all'ortodossia cattolica dal pensiero di Lamennais. Cf. PIETRO SCOPPOLA, *Crisi modernista e rinnovamento cattolico in Italia*, Il Mulino, Bologna 1961; ÉMILE POULAT, *Storia dogma e critica nella crisi modernista*, Morcelliana, Brescia 1967; MAURILIO GUASCO, *Modernismo. I Fatti, le idee, i personaggi*, Edizioni San Paolo, Cinisello Balsamo 1995.

Se volessimo tralasciare, per un momento, la drammaticità di eventi e questioni che si trascinò, esso nasceva dalla esigenza di ambienti culturali non avversi alla religione, in ricerca e pensanti, desiderosi di risposte a problemi emergenti che reputavano trascurati da una dottrina che si riteneva ancora efficace pur ancorandosi in un passato fisso e lontano. In mezzo c'era stato il *Sillabo*, l'elenco di *errori* pubblicato nel 1864 da Pio IX, che nell'ultima proposizione condannava chi avesse ritenuto che la Chiesa con il suo «Romano Pontefice può e deve riconciliarsi e venire a composizione col progresso, col liberalismo e con la moderna civiltà». Il desiderio di risposte all'insorgere di nuove domande per rendere comprensibile e accettabile credere per i contemporanei esposti ai dilemmi, si inabissava ogni volta che si vagliava irrilevante che una religione dovesse cimentarsi, come l'oro nel fuoco, con la storia e le culture. All'alba del XX secolo mentre tra i laici cominciava ad entrare in crisi la fiducia nella scienza e nella particolare definitività che poteva ricavarsi dai suoi metodi e dalle sue soluzioni, paradossalmente quel credito contagiava i giovani chierici, che per il loro isolamento formativo ricevevano in ritardo quanto stava accadendo da almeno una generazione. Le conseguenze si abbattono sull'interpretazione dei testi della Bibbia e della Tradizione, sull'idea di mondo creato, sottoposti alla rigorosa analisi scientifica. Ignaz von Döllinger, sacerdote cattolico e professore all'Università di Monaco, tra gli oppositori al *Sillabo*, al potere temporale e alla proclamazione del dogma dell'infallibilità pontificia per cui fu scomunicato nel 1871, nella sua lunga ricerca sulle origini e testimonianze delle eresie dualiste del Medioevo[2], si era la-

---

[2] JOHANN JOSEPH IGNAZ VON DÖLLINGER, *Beiträge zur Sektengeschichte Des Mittelalters*, C.H. Beck'sche Verlagsbuchhandlung, Monaco 1890.

sciato guidare dalla convinzione dell'unità tra scienza teologica e scienza critica, non potendo assecondare altra autorità se non quella del metodo perseguito. Forse ci è difficile immaginare quanto drammatico potesse risultare tutto questo in un'epoca in cui indagare criticamente forma e contenuto della Rivelazione, anche solo per ipotesi, significava presentire la dissoluzione dei fondamenti delle fede. La percezione di tale pericolo e l'organizzazione dell'opposizione a tutto quanto potesse infrangere la solidità immobile della dottrina ricorda, a esiti rovesciati, quanto avvenuto nel XVII e XVIII secolo, quando lentamente si riaffina l'orecchio capace di sentire la voce vivente di Dio, e si individua il cuore umano come luogo di un evento relazionale che trasforma il modo di ritenere la fede e di concepire la decisione morale, che non sarebbero stati più giustificabili come obbedienza formale a un blocco di dichiarazioni. Conosciamo la violenta reazione dei Giansenisti che consideravano l'immobilismo dottrinale l'unica pratica legittima. Mentre le idee moderniste circolavano in Europa si diffondeva un sentire perplesso riguardo al pessimismo antropologico, al disprezzo del mondo, all'inesorabilità della giustizia divina che commina pene e non prevede riscatto ai bambini morti senza battesimo: dilemmi che avrebbero meritato considerazione. Per quanto ritenute un uragano di errori, «compendio e veleno di tutte le eresie, che tende a scalzare i fondamenti della fede e annientare il cristianesimo»[3], molte delle intenzioni dei modernisti si allocavano

---

[3] Pio X, *Discorso ai nuovi cardinali*, 17 aprile 1907: «Sì, annientare il cristianesimo, perché la Sacra Scrittura per questi eretici moderni non è più la fonte sicura di tutte le verità che appartengono alla fede, ma un libro comune; — l'ispirazione per loro si restringe alle dottrine dogmatiche, intese però a loro modo, e per poco non si differenzia dall' ispirazione poetica di Eschilo e di Omero. Legittima interprete della Bibbia è

nella convinzione recepita anni dopo dall'affermazione che «alla luce del Vangelo il mondo diventa libro» da leggere con attenzione e rispetto[4]. In tutte le letture del fenomeno modernista, come crisi primariamente culturale di ricaduta religiosa, le cause sono da cercarsi dentro e fuori il cristianesimo. Quelle giudicate più insidiose sono le interiori che nel propugnare la necessità, per il bisogno di adeguamento filosofico, teologico, sociale della dottrina, ritengono necessaria la distinzione tra forma e sostanza. Considerando la forma soggetta a modifiche, avrebbero considerato possibile accrescerla, aggiornarla, fino a ridurre e comprometterne, questa l'accusa, la sostanza. Il propagarsi della convinzione romantica della vita come teatro della realtà in perpetuo farsi, in continua trasformazione, aveva dato importanza alla ricerca storiografica che trovò nel rapporto tra origine e sviluppo del cristianesimo un orizzonte attraente. Per cui sarebbe stato fecondo riflettere sulla relazione tra evento della Rivelazione e storia, nei termini di una manifestazione progressiva, sottoponendo alla storicizzazione l'esperienza della fede e i suoi assunti.

Il clima riferito da Blondel, in cui i cattolici si «spingono gli uni contro gli altri», indusse un sistema di controllo alimentato, spesso, da spregiudicati metodi di delazione che spiega l'estrema prudenza che il nostro filosofo userà nelle

---

la Chiesa, però soggetta alle regole della così detta scienza critica, che s'impone alla Teologia e la rende schiava. Per la Tradizione finalmente tutto è relativo e soggetto a mutazioni, e quindi ridotta al niente l'autorità dei Santi Padri. E tutti questi e mille altri errori li propalano in opuscoli, in riviste, in libri ascetici e perfino in romanzi e li involgono in certi termini ambigui, in certe forme nebulose, onde avere sempre aperto uno scampo alla difesa per non incorrere in un'aperta condanna e prendere però gli incauti ai loro lacci».

[4] PAOLO VI, *Catechesi* 16 aprile 1969.

argomentazioni. Per Blondel che voleva restare cristiano e pensante fu duplice l'esposizione che lo provò e che probabilmente spiega le diffidenze che attrasse su di sé: da una parte l'École *Normale* di Parigi, a prevalenza positivista anche se consapevole della necessità di ripensarsi, a cui propose la sinergia tra ragione critica e senso religioso, volendo provare la realtà della trascendenza e la necessità del soprannaturale; dall'altra, distaccandosi dalla via tomista perseguendo l'autonomia speculativa, si offriva al sospetto di chi difficilmente avrebbe accettato il suo principio di immanenza. Un metodo che assegna alla ragione la responsabilità di rendere conto di se stessa senza riferirsi a condizioni di possibilità 'esterne', riconsiderando la dottrina della conoscenza e il concetto di trascendenza capisaldi della filosofia cristiana[5]. E dunque finiva per risultare oscuramente religioso per i laici, e naturalista per i cattolici, mentre voleva essere rigorosamente critico senza diventare poco ortodosso. Oggi ci raggiunge nell'evidenza di non essere mai stato propriamente un modernista,

---

[5] Tali sospetti assediarono la vita di Blondel, e ancora ne condizionano la ricezione in ambito cattolico: «si è falsato tutto il senso di ciò che è stato chiamato 'il metodo dell'immanenza'. Si è creduto che si trattasse di trarre esclusivamente dall'interno le prove ed anche il contenuto della Rivelazione; si è pure voluto vedere che un tale metodo si peritasse unicamente di manifestare la convenienza delle aspirazioni positive dell'uomo con i dogmi e i precetti divini; invece nulla di tutto questo. Poiché se questo metodo studia 'il fatto interiore', non è per scoprirvi qualcosa del 'fatto esteriore' o per evidenziare delle identità parziali fra i due fatti, ma per mostrarci l'impossibilità di smorzare l'inquietudine, di fissare una religione naturale, di sopprimere, di esplicare o di colmare il vuoto esigente dell'anima; è per preparare il punto di intersezione dell'innesto soprannaturale e per farvi affluire tutta la linfa», MAURICE BLONDEL, «L'oeuvre du cardinal Dechamps et les progrès récents de l'apologétique», in *Annales de philosophie chrétienne* 153 (1907), 578, nota 1.

pur avendo sfiorato la condanna[6], ma di rappresentare il malessere di un'epoca, il testimone di una crisi culturale quantunque religiosa. Se dell'inverarsi della fede nella storia doveva trovarsi traccia sin dalle origini cristiane in ogni passaggio d'epoca, il momento richiedeva di capovolgere la questione di un cristianesimo che diviene cultura. Si poteva legittimamente porre l'ipotesi, verificata nella realtà, che invece, la cultura potesse rigenerare l'essenza della religione? L'altezza della sfida attingeva ad esperienze cruciali: la scelta intorno al Concilio di Nicea di adoperare il linguaggio filosofico e pagano per spiegare il mistero divino, e i risultati ottenuti tra XII e XIII secolo, quando l'aristotelismo da Parigi, osteggiato da diffidenze e proibizioni, si impiantò nelle scuole fino a risplendere nella sintesi tomista. Ma come allora, ogni volta affiora una resistenza che fa svaporare la sapienza dei cambiamenti d'epoca, come avvenne di fronte all'emergere di nuove misure e visioni che dimostravano l'insufficienza degli strumenti religiosi per comprendere le trasformazioni dell'immagine del mondo. È noto l'emblematico rifiuto di prendere in considerazione i risultati degli esperimenti di Galileo, per il fatto che esperienza e dottrina, scienza e Bibbia, venivano pensati come contrapposti, alternativi a contendersi un'egemonia. Conosciamo la battaglia di Galileo contro il «concordismo». Egli si opponeva alla pretesa di cercare verità scientifiche nelle fonti bibliche che riguardano la natura. Il principio ermeneutico galileano obbligava a considerare diverse autorità per ordini distinti,

---

[6] Loisy racconta che diverse denunce contro Blondel furono recapitate al S. Uffizio, e per impedire la messa all'Indice delle sue opere, molto si adoperarono il cardinale Adolphe-Louis Perraud e il barone Friedrich von Hügel, cf. ALFRED LOISY, *Mémoires pour servir à l'histoire religieuse de notre temps*, 3 volumi, Emile Nourry, Parigi 1930-1931, I, 533.

religioso e scientifico[7]. Condannare come eretica la teoria copernicana nel 1616, comportò l'assunzione formale che la Bibbia avrebbe dovuto credersi veritiera in tutti i suoi contenuti, anche dal punto di vista scientifico.

Il modernismo parlava quattro lingue: il francese, l'inglese, l'italiano e il tedesco, che comunicano nell'amicizia, lungo i viaggi, negli scambi epistolari, nel confronto degli studi, e con l'aggiornamento dei criteri di ricerca, tentando mediazioni, incrociando biografie dai tratti prevalentemente drammatici. Si innestano due istanze che danno risalto al protagonismo dell'Italia e della Francia. Il modernismo italiano si caratterizza come fenomeno diffuso, di carattere sociale e politico, legato all'esigenza di emancipazione dalle tutele ecclesiastiche di un papa monarca, per una riforma della società in tensione tra riconoscimento delle libertà costituzionali, e diffidenza verso le aspirazioni democratiche; quello francese, più elitario, mirava a un recupero intellettuale, soprattutto nei confronti della ricerca storiografica con i suoi metodi storico-critici. Il campo largo su cui si sviluppò era quello della religione, delle sue fonti e della storia.

Covavano sentimenti riformatori, alcuni reattivi, altri visionari. Mentre pareva intollerabile che nel monolite cattolico potessero emergere opinioni diverse, pur non trattandosi di un fatto nuovo. Ernesto Buonaiuti, figura apicale del mo-

---

[7] Galileo era consapevole che non si trattasse di due verità in contraddizione (conosceva la condanna del Lateranense V - Sessione VIII, 19 dicembre 1513 - della teoria della «doppia verità»), ma distingue il senso letterale, che poteva sottrarsi alla prova scientifica, da quello religioso: «ciò è l'intenzione dello Spirito Santo essere d'insegnarci come si vadia al cielo, e non come vadia il cielo», *Lettera a Cristina di Lorena*, in *Le opere di Galileo Galilei. Edizione Nazionale*, Tipografia di G. Barbera, Firenze 1890-1909, V, 319. Cf. MAURO PESCE, *L'ermeneutica biblica di Galileo e le due strade della teologia cristiana*, Edizioni di Storia e Letteratura, Roma 2005.

dernismo italiano, intellettuale rigoroso e anima profondamente religiosa, prospettava la transizione verso un «nuovo cattolicesimo» ispirato al cristianesimo primitivo, per cui si sarebbero affermati «i diritti insopprimibili della vita» contro «l'ascesi e il pessimismo, lo sprezzo del corpo, gli spasimi della penitenza... fonte di religiosità». Egli riconduceva all'epoca medioevale la responsabilità di un simile esito, complice l'eccesso della dialettica che aveva accorciato il respiro del carisma evangelico. Periodo in cui, però, non doveva nascondersi l'esistenza di visioni discordi figurate in ritratti antiteticamente paralleli «come S. Francesco e Federico II, pontefici dalla mentalità singolarmente contrastante, come Gregorio Magno e Gregorio IX, pensatori in dissidio aperto come Scoto Eriugena e S. Tommaso»[8]. Come a dire che non c'era nulla di nuovo sotto il sole se, come prima si erano divisi i fronti nelle accese controversie che avevano provocato le solenni dichiarazioni intorno alla umanità del Figlio di Dio, dopo per un mai estinto docetismo, cambiate

---

[8] *Lettere di un prete modernista*, Roma 1908, *Lettera* IX, 122-124, diffuse da Buonaiuti in forma anonima. La pubblicazione dei suoi *Saggi di filologia e di storia del Nuovo testamento* (1910) venne attaccata dal padre Enrico Rosa su *La Civiltà Cattolica* che svelò la paternità delle *Lettere*. In quello stesso anno la *Rivista storico-critica delle scienze teologiche,* che dirigeva dal 1905, insieme ai *Saggi*, vennero messe all'Indice. Per la complessità della figura di questo prete romano, esponente di primo piano del modernismo italiano, professore di Storia del cristianesimo all'Università di Roma, scomunicato nel 1926, esonerato dall'insegnamento per esplicita richiesta della Santa Sede, destituito nel 1931 per essersi opposto al giuramento di fedeltà al regime fascista, uno dei dodici su 1250, si veda la sua autobiografia, *Pellegrino di Roma. La generazione dell'esodo* (1945), e in particolare, nella seconda edizione (Laterza, Bari, 1964) l'illuminante Introduzione di Arturo Carlo Jemolo, VII-XXIX; Cf. FAUSTO PARENTE, *Buonaiuti Ernesto* in *Dizionario Biografico degli Italiani*, XV, Istituto della Enciclopedia italiana, Roma 1972, 112-122.

le generazioni, ripresentandosi i problemi, avevano continuato a combattersi sul corpo, sulla vita umana, sulla storia, sulle responsabilità da assumersi, sul valore della libertà e degli indirizzi della coscienza. Tra passato e presente, si palesa la crisi di autenticità evangelica che cerca sbocchi di sopravvivenza.

Considerando il Modernismo una risposta alle inquietudini di quella generazione, tra rinnovamento e difesa, in ambito cattolico prevalse la difesa. E storia e dogma, qui, si tendono lungo la linea del fuoco. Urgeva uno smascheramento. Passando «dall'effetto alla causa» si era rovesciata l'apologetica tradizionale, così che non si dovesse «provare l'eccellenza del cristianesimo per il fatto che proviene da Dio, ma che proviene da Dio per il fatto che esso è eccellente»[9]. In questo modo i suoi sistemi deduttivi, non la Dottrina, sarebbero stati intangibili per perfetta emanazione della *Societas perfecta*, che però rischiava di rimanere ostaggio dell'imperfezione, come quando una teologia di scuola si presume magistero. Conservazione e immobilismo, ancorati al principio di unità della fede, erano stati e sono ancora, benchè minoritarie, espressioni e garanzie del regime di *Cristianità*[10], e il fenomeno culturale poteva solo adeguarsi dovendo collaborare alla coesione, nelle forme in cui si articola l'esistenza individuale e comune, di principio e vita. La libertà di ricerca, la riflessione critica operata su sistemi ritenuti immutabili diveniva un *vulnus* insostenibile. Attentava all'equilibrio che si ergeva a programma. Era meglio perdersi nelle nostalgie

---

[9] François-René de Chateaubriand, *Genio del Cristianesimo*, Einaudi, Torino 2014, 14.
[10] Cf. Marie-Domenique Chenu - Mauro Pesce, *La fine dell'era costantiniana*, Morcelliana, Brescia 2013.

per un passato perduto, quello dell'egemonia spirituale e culturale sul mondo: «L'originaria tensione escatologica tra Chiesa e mondo diventa tensione tra il mondo dominato dalla Chiesa e il mondo che ad essa si oppone»[11].

Quello che veniva temuto di più era che non sarebbero state soltanto le convinzioni che maturano nella storia a doversi armonizzare con la dottrina, ma che pure la dottrina avrebbe dovuto almeno confrontarsi con l'evoluzione delle convinzioni. Ed è in questa spirale che si inserisce la necessità di riforma, che è sempre, riproposizione e verifica di fedeltà di fronte al Vangelo. Va tenuto conto, però, che la spinta a riformarsi era cupamente avvertita in un mondo traumatizzato dal ricorrente urto di rivoluzioni che in quella francese aveva visto manifestarsi la scaturigine di tutte le opposizioni alla Chiesa. *Moderno*, poi, era tutto quello che si paventava sottomesso alla tirannia della scienza. Titanico sforzo sarebbe risultato salvarsi. Riverbera il giudizio perplesso di Giovanni Gentile: «il cattolico che vuol rimanere tale trasformando il cattolicesimo per rimetterlo al passo dello spirito moderno, rappresenta uno sforzo, che è un vero grande esperimento storico. Ma, perché l'esperimento riesca e sia sinceramente significativo, occorre una volontà irremovibile di restare dentro il cattolicesimo, pur con tutto il progresso dello spirito»[12].

---

[11] Paolo Miccoli, *Fra mito della cristianità e secolarizzazione. Studi sul rapporto Chiesa-società nell'età contemporanea*, Marietti, Casale Monferrato 1985, 496.

[12] Giovanni Gentile, *Il modernismo e i rapporti fra religione e filosofia*, Laterza, Bari 1909, 277.

CAP. II

Un nocciolo senza scorza e il seme per l'albero

Alfred Loisy era un esegeta, esperto della lingua ebraica, sensibile al rinnovamento degli studi ecclesiastici. Aveva studiato nel seminario di Chalons-sur-Marne, per poi essere ordinato presbitero. Eccettuati alcuni brevi periodi di ministero pastorale, aveva insegnato all'Institut Catholique di Parigi da cui venne allontanato nel 1893. Vi aveva fondato la rivista «L'einseignement biblique» sulle cui pagine manifestò interessi e circonstanziato ipotesi che gli procurarono l'opposizione dei superiori ecclesiastici. Considerava suoi maestri Louis Duchesne e Ernest Renan, a cui associava la lettura di Newman. Sotto lo pseudomino di A. Firmin, aveva collaborato alla «Revue du clergé français» dove tra il 1898 e il 1900, in sei articoli, oltre a esporre la sua critica nei confronti del decano della Facoltà di teologia protestante di Parigi Auguste Sabatier, autore de *l'Esquisse d'une philosophie de la religion d'après la psychologie et l'histoire* (1897), con molto vigore e acume espresse il suo dissenso nei confronti dell'individualismo religioso contenuto in *Das Wesen des Christentums* (*L'essenza del cristianesimo*, 1900) dello storico e teologo luterano Adolf von Harnack. I temi sviluppati negli articoli in contrasto alla teoria individualistica del protestantesimo liberale, seguivano la concezione dello sviluppo cristiano in Newman; affrontavano le questioni del miracolo, dell'ispirazione, della Rivelazione, del dogma, del carattere sociale e culturale della religione, del rapporto tra forme storiche e fede nella storia di Israele, eletta a paradigma dello sviluppo religioso in generale. Quest'ultimo argomento, gli consentiva di trattare sul piano storico le questioni precedenti, con al centro il tema della Tradizione, inquadrata nella relazione tra le origini e lo sviluppo della Rivelazione, diversamente dalla più diffusa concezione cattolica di una immutabilità oggettiva del deposito rivelato. L'arcivescovo di Parigi, il cardinale François-Marie-Benjamin Richard ritenne necessario censurare l'autore e interrompere ogni ulteriore collaborazione con la rivista. Loisy ha 45 anni nel 1902, quando consegna all'editore parigino Alphonse Picard *L'Évangile et l'Église*, uno studio sul Nuovo Testamento che riscosse largo successo, scritta con lingua elegante e scorrevole, dove si presentava la persona di Gesù nel suo tempo, e si rifletteva sulle origini del cristianesimo. Per quanto i suoi studi non fossero sfuggiti a Blondel, è nella lettura di questo volume che troviamo la scintilla per una sua presa di parola pubblica, preparata da riflessioni scambiate per lettera[1]. Per Blondel la storia,

---

[1] Nel 1897 Blondel aveva inviato a Loisy la copia omaggio della *Lettera sulle esigenze del pensiero contemporaneo in materia d'apologetica e sul metodo della filosofia nello studio del problema religioso*, pubblicata negli *Annales de philosophie chrétienne* (gennaio-luglio 1896), e in risposta veniva riconosciuto affine: «la vostra filosofia può bene intendersi con la mia esegesi». A seguito della pubblicazione de *L'Évangile et l'Église*, seguì uno scambio epistolare - dall'11 febbraio al 7 marzo 1903 -, in cui Blondel solleva varie critiche, ma la più urticante è l'accusa di annettere il racconto dei vangeli sinottici alle condizioni storiche, finendo per negare la trascendenza di Gesù, che capovolsero l'iniziale giudizio di Loisy: «Se volessi essere un poco malevolo, vi direi che voi mi rinfacciate soprattutto di non aver posto la

come la natura umana, è impastata di metafisica, ed è per questo motivo che ritiene necessario costruire una strada tra teologia e storiografia. Trattandosi *Storia e dogma* di una critica alla lacune dell'esegesi moderna, a Loisy si dovrà aggiungere Harnack, il professore di storia ecclesiastica di Berlino, di cui diremo dopo. Intanto non è irrilevante associarli considerando che fu esteso il giudizio che modernismo e protestantesimo liberale (in Francia c'era stato l'insegnamento di Auguste Sabatier) si ritrovassero sul fondamento delle esigenze della coscienza e dell'approccio storico-critico. Entrambi, agli occhi di Blondel, sarebbero stati troppo concentrati a tradurre il cristianesimo in un'attesa presto delusa dalla sua compromissione nella forma religioso-istituzionale. La religione cristiana, ai suoi primi passi, avrebbe condizionato la fedeltà con l'ansia del durare. Per questo motivo avrebbe trascendentalizzato quanto era e doveva restare umanissimo. L'evidente attesa di una fine prossima animava il protocristianesimo, ma non si sarebbe potuto comprendere l'escatologia senza valorizzare l'incarnazione che imprime nell'umanità, deificandola, il proprio destino. Tra le perplessità di Blondel c'era il modo con cui veniva affrontato il rapporto tra Gesù e la Chiesa, tra quello che lui vi ha riversato e quello che si testimonia. L'attenzione non si sarebbe dovuta limitare allo sviluppo storico, ma estendersi allo sviluppo autentico del Vangelo, alla comprensione progressiva della Rivelazione. A questo si collega la questione della coscienza di Gesù che non poteva ridursi, *minimizzandola*, a quella umana. Si esigeva, invece, *massimizzarla*, vederne la pregnanza, la concentrazione di tutte le coscienze e incoscienze, per condurre

---

vostra filosofia nella mia storia», Cf. RENÉ MARLÉ, *Au coeur de la crise moderniste*, Éditions Aubier, Parigi 1960, 86-111.

la possibilità dell'adeguamento universale di quanto in noi reisulterebbe inadeguato. Gesù è «L'Uomo di tutti gli uomini, l'esplicito di tutto l'implicito posseduto come tale»[2]. L'orecchio contemporaneo potrebbe con facilità cogliere la sintonia con quanto racchiuso in *Gaudium et spes* 22, dove la realtà della Rivelazione innesta conseguenze antropologiche: «nel mistero del Verbo incarnato trova vera luce il mistero dell'uomo...Cristo che è il nuovo Adamo, proprio rivelando il mistero del Padre e del suo amore svela anche pienamente l'uomo a se stesso e gli manifesta la sua altissima vocazione».

---

[2] Cf. Blondel, Lettera a von Hügel, 11 gennaio 1903, in RENÉ MARLÉ, *Au coeur de la crise moderniste*, 63-65. «Coscienza e incoscienza, esplicito e implicito»: si trova qui *in nuce* la contestazione, attualissima, di un cristianesimo identitario, si evoca il prevalere di una chiamata universale alla salvezza nel cardine cristologico, conseguenza intrinseca della rivelazione cristiana, precorrendo la forma di una presenza dei cristiani in diaspora, evangelico «piccolo gregge», e di una ecclesiologia sacramentale, Cf. *Lumen gentium* 16: «Coloro che non hanno ancora accolto l'evangelo, sono ordinati al popolo di Dio in vari modi ... tutto ciò che di buono e di vero si trova presso di loro, la Chiesa lo considera come una preparazione evangelica, come un dono concesso da colui che illumina ogni uomo, perché abbia finalmente la vita»; *Gaudium et spes* 22: «Solamente nel mistero del Verbo incarnato trova vera luce il mistero dell'uomo...E ciò non vale solamente per i cristiani ma anche per tutti gli uomini di buona volontà, nel cui cuore lavora invisibilmente la grazia. Cristo, infatti, è morto per tutti e la vocazione ultima dell'uomo è effettivamente una sola, quella divina, perciò dobbiamo ritenere che lo Spirito Santo dia a tutti la possibilità di venire a contatto, nel modo che Dio conosce, col mistero pasquale»; KARL RAHNER, «Insegnamento conciliare della Chiesa e futura realtà della vita cristiana», in Id., *Nuovi Saggi* I, Paoline, Roma 1968, 659-687; Id., «Cristianesimo anonimo e compito missionario della Chiesa», in Id. *Nuovi Saggi* IV, Paoline, Roma 1972, 619-642. Per le distinzioni tra cristianesimo e cristiano anonimo, si veda HENRI DE LUBAC, «Le religioni umane secondo i padri», in Id., *Paradosso e mistero della Chiesa*, Jaca Book, Milano 1979, 159-187.

Eccoci ora ad Adolf von Harnack, che aveva pubblicato a Lipsia *L'essenza del cristianesimo*, resoconto delle sedici conferenze tenute all'Università Di Berlino nel primo semestre dell'anno accademico 1899-1900. Fu da subito un successo editoriale che crebbe nel tempo, con traduzioni in quindici lingue, quella francese esce nel maggio 1902, e settanta edizioni in Germania. Egli, nella linea del protestantesimo liberale[3], aveva rivolto, da storico, lo sguardo alle origini del cristianesimo, separando il nucleo dai suoi rivestimenti successivi, sostenuti dalla forza del messaggio etico contenuto nel Vangelo, che avrebbe alimentato la vita delle generazioni successive. La Chiesa, di conseguenza, aveva operato un mutamento concentrandosi sulla dottrina il cui centro cristologico (la sua realtà umano-divina) avrebbe mistificato l'essenza evangelica,

---

[3] Con il protestantesimo liberale siamo di fronte a un fenomeno complesso. Determinante fu il programma teologico formulato da Friedrich Schleiermacher (1768-1834), lì dove assegnava importanza all'intuizione, all'immaginazione e al sentimento umano, saldando la fede alla vita intesa come fecondità infinita. L'individualità e l'irripetibilità dei sentimenti e delle intuizioni coinciderebbero con la Rivelazione, così da considerare rivelazione ogni originale intuizione e sentimento dell'infinito, fuori dalla portata dimostrativa della teologia razionale. Ad essa oppone la fantasia, l'immaginazione trascendentale, cogliendo la dialettica tra Dio e il mondo come termini inscindibili ma irriducibili l'uno all'altro. L'etica dovrà intendersi come dottrina positiva del bene, della virtù e del dovere. Sul piano ermeneutico propone una comprensione del testo secondo l'autore e meglio dell'autore, per la possibilità di ricostruire il senso percorrendo un circolo di andata e ritorno dal tutto alle parti. Su questo sfondo, con le dovute distinzioni, si svolge la riflessione di Harnack sul dogma, ritenuto estraneo all'insegnamento di Gesù e del Nuovo Testamento, conseguenza di un percorso storico-culturale, segnato dal pensiero ellenistico, a cui non si potrebbe riconoscere lo stesso valore della Scrittura, cf. GUGLIELMO FORNI, *L'essenza del cristianesimo. Il Problema ermeneutico nella discussione protestante e modernista*, Clueb, Bologna 1987.

che è partecipazione all'esperienza comunicativa di Gesù del Padre. Lo sviluppo storico del cristianesimo, e perciò la Chiesa con tutto il suo bagaglio teologico, liturgico e disciplinare finiva per essere considerata una degenerazione del messaggio evangelico. Da qui la necessità di distinguerne l'*essenza*. Essa, si ritiene, non aver bisogno né di supporti istituzionali, né di realizzazioni sociali. Mentre la socialità si realizza nel tempo sottoponendosi alla dura legge della storia, l'essenza del Vangelo, invece, s'indirizza all'interiorità. Il Vangelo si rivolge a un'umanità atemporale, come atemporale è l'essenzialità evangelica, e allora via la caducità, così che il nocciolo si liberi della scorza. Il nocciolo è la fede nel Dio Padre, esperienza vissuta in maniera perfetta da Gesù, e «il Regno di Dio è in mezzo a voi» (Lc 17, 21), diventa il monito a comprendere il cristianesimo come religione puramente interiore.

Sottovalutare l'impatto di questa prospettiva individuata come la soluzione per i tempi moderni, significava ignorare che, riparandosi nella prospettiva morale, rinunciando alla dogmatica e indebolendo il fondamento divinamente ispirato della Scrittura, con il corpo dottrinale sarebbe venuto giù tutto il resto, gerarchia e sacramenti. Loisy, sul piano della storia risponderà ad Harnack inserendo il tema dello sviluppo cristiano, che prospetta come adattamento di fronte all'annuncio del Regno da parte di Cristo, che i discepoli dopo la morte del loro maestro comprendono di dover ancora attendere[4]. La

---

[4] Tre anni e mezzo prima con lo pseudonimo «Firmin», sulla *Revue di clergé français*, Loisy aveva già polemizzato con Harnack, associando nella sua critica Auguste Sabatier, decano della Facoltà di Teologia protestante di Parigi, di cui era apparso nel 1897, *L'esquisse d'une philosophie de la religion d'après la psycologie e l'Histoire*. Loisy in sei articoli attaccava l'individualismo del «protestantesimo liberale» appoggiandosi alla teoria dello sviluppo cristiano di Newman.

messa in discussione storicista avrebbe imposto la ricerca di una soluzione, a suo modo apologetica e nello stesso tempo fondata storiograficamente (questa era l'intenzione di Loisy), per uscire dallo stallo della dissomiglianza tra le origini cristiane e il corpo liturgico-dogmatico successivo. La Chiesa sarebbe risultata l'organizzazione dispositiva (gerarchia, dottrina, riti), fortemente caratterizzata socialmente – e qui si evidenzia l'ispirazione giudaica anticotestamentaria - a sostegno dell'attesa. Loisy separa Cristo dalla Chiesa, convinto che lo storico abbia il dovere di obbedire alla sua scienza non preoccupandosi dei confini dogmatici, ma diversamente da Harnack, che sosteneva che nulla avrebbe diritto di esistere se non nel suo stato originale – il nocciolo senza scorza -, pensa legittima la relazione continuativa tra Vangelo e Chiesa, nella prospettiva di un necessario e continuo adattamento in condizioni variabili e nuove. All'astrattezza immobile e retrospettiva di Harnack egli oppone una relazione organicamente vivente, in cui lo stesso, per equivalenza dinamica, continua nell'altro, perché la più efficace apologia di ciò che vive sarebbe la vita stessa:

> Harnack non concepisce il cristianesimo come una semenza che è diventata grande, prima pianta in potenza, poi pianta reale, identica a sé stessa dall'inizio della sua evoluzione fino al suo termine attuale, e dalla radice fino alla sommità; ma come frutto maturo, o piuttosto avariato, che bisogna spolpare per prevenire fino al nocciolo incorruttibile[5].

Loisy sostituisce alla metafora di Harnack *nocciolo-scorza*, quella di *seme-albero*. L'albero non è ciò che corrompe, ma quel che sviluppa il seme custodendone il codice originario. Lo sviluppo è una legge interna della vita; è un con-

---

[5] ALFRED LOISY, *Il Vangelo e la Chiesa. Intorno a un piccolo libro*, a cura di Lorenzo Bedeschi, Ubaldini, Roma, 1975, 78.

cetto organico che mantiene l'identità dell'essere nelle sue possibili e necessarie trasformazioni. Per questo il cristianesimo deve considerarsi una realtà vivente e non un sistema geometrico. L'essenza del cristianesimo è l'essenza di una realtà vivente, che si custodisce solo sviluppandosi come storia di fede. Egli riprende quanto espresso da Newman nella seconda parte del *Saggio sullo sviluppo della Dottrina Cristiana* (1845), riferendosi al passo del *Commonitorium*[6] di san Vincenzo di Lérins, «Imiti la religione dell'anima le leggi del corpo, il quale si sviluppa con gli anni e raggiunge le sue proporzioni normali, ma resta sempre identico a quel che era» (23,4). Newman prospetta come primo criterio per uno sviluppo autentico, la permanenza di un unico tipo, come si evidenzia con l'analogia della crescita:

> l'animale adulto possiede ancora la stessa natura che aveva all'atto di nascita; gli uccellini non si trasformano in pesci, né il bambino degenera in una bestia, domestica o selvaggia... se ci atteniamo a questi esempi, l'unità del tipo, per quanto sia caratteristica degli sviluppi autentici, non deve essere intesa rigorosamente al punto da escludere qualsiasi variazione... vi sono grandi mutamenti per quel che concerne l'aspetto esteriore e l'armonia interna. L'uccello nel suo piumaggio differisce di molto dalla forma rudimentale che ha nell'uovo[7].

---

[6] Il *Commonitorium adversus haereticos* di Vincenzo di Lèrins, cominciò a circolare nel 434, a tre anni dal Concilio di Efeso, sotto lo pseudomino di *Peregrinus*. L'intento dell'opera era di mostrare la via della distinzione nelle dottrine di quanto appartiene al *caeleste dogma* (immutabile e costituente il *depositum fidei*, (cf. capp. 22-23) oppure alle eresie, «mutevoli al pari della paglia» (cf. capp. 20-21). Ha avuto grande fortuna il triplice criterio di *universitas*, *antiquitas* e *consensio*, proposto al capitolo 2: «Bisogna soprattutto preoccuparsi perché sia conservato ciò che *in ogni luogo*, *sempre* e *da tutti* è stato creduto».

[7] JOHN HENRY NEWMAN, *Lo sviluppo della dottrina cristiana*, Jaca Book, Milano 2003, 189 e 191.

Fedele al dettato del canone lerinese, che distingue progresso-esplicitazione da cambiamento, una cosa sarebbe potare l'albero, altra è tornare al seme. Non si potrebbe dimenticare la necessità del mantenimento della struttura d'insieme senza cui la verità delle singole definizioni sarebbe stravolta. Loisy vorrebbe dimostrare una continuità nel cambiamento insistendo sulla necessità di implicare la teologia, specie l'apologetica, nelle trasformazioni della modernità, andando oltre gli obiettivi di Newman[8]. Ma non tiene conto del principio unificante che si permea di soprannaturale, per lui non rilevabile dall'indagine storica, e che, però, unisce divinità e coscienza messianica di Cristo[9], e istituzione divina della Chiesa. Fra Gesù e Cristo vi sarebbe un legame posto dalla fede, e non un legame costitutivo, on-

---

[8] Sotto lo pseudonimo «Firmin», Loisy esplicita le sue riflessioni in «Le devoloppement chrétien d'après le Cardinal Newman», in *Revue du Clergé français* (1Dicembre 1898), 5-20: ne segue il pensiero, ma pure se ne distacca, applicando il criterio dello sviluppo non limitandosi al movimento delle idee, alle elaborazioni dogmatiche, ma estendendolo alla Sacra Scrittura. Insiste sull'importanza della mediazione umana nella formazione della Parola scritta: la rivelazione di Dio raggiunge l'umanità adattandosi, nel suo manifestarsi alle condizioni culturali, spirituali e psicologiche. E la coscienza umana fornirebbe immagini, linguaggi, concetti, esperienze. Per questo scambio, la cui legge è per Dio farsi trovare, e per l'umanità trovarlo, il progresso diventa forma del vivente, da opporsi all'assoluto atemporale di Harnack.

[9] Per Loisy, la messianicità di Gesù, nel contesto delle attese messianiche di Israele, deve essere colta sotto il profilo del "presente", in quanto principale operatore dell'avvento del Regno di Dio, e del "futuro" in quanto proclamazione di un Regno «che sta per venire», promuovendo radicali speranze. Una messianicità globale che contesta la riduzione di Gesù, operata da Harnack, al sentimento interiore della paternità divina. È l'accento escatologico la chiave della potenza religiosa del cristianesimo, e la coscienza della vocazione messianica e della missione conseguente da parte di Gesù, limiterebbe il perimetro dell'indagine dello storico.

tologico, fra le realtà che i due nomi significano. Un legame che solo la fede riconosce e accoglie. Per questo Gesù non sarebbe il Cristo, ma diviene Cristo attraverso la fede della comunità primitiva. In questa prospettiva non è Gesù Cristo il criterio dello sviluppo, ma è l'esperienza religiosa, così che l'ispirazione originaria, incardinata nel messianismo di Gesù, nell'urto della sua passione e morte, esce dal quadro culturale-religioso del giudaismo, adattandosi, allargandosi e modificandosi alle condizioni del mondo antico, imprimendo il suo carattere universale. I dogmi, come parte di quel processo necessario di adattamento, divengono dottrine legate a un tempo e a una cultura, anch'esse sottoposte a revisione in condizioni nuove. Il soprannaturale, allora, sarebbe stato campo d'indagine dei teologi, che avrebbero dovuto tener conto dei risultati storiografici e dell'applicazione del metodo storico-critico alle Scritture. Storia e dogma consoliderebbero la loro fondatezza separandosi e affidandosi ai metodi di ciascuna competenza. Si viene, conseguentemente, a prospettarsi una subalternità della seconda alla prima, regolatrice della necessità di revisione degli assiomi teologici secondo le diverse stagioni culturali. Ma distinguendosi la Chiesa dall'evangelo primitivo, doveva sciogliersi anche il nodo che legava Vangelo e storia, il primo da ascriversi all'utopia, la seconda alle vicende storiche che ad essa si ispiravano, con la possibilità, eterogenesi dei fini, di tradirla. Allertati dall'evidenza dei pericoli, bisognava, però, insistere nell'accompagnare il processo inarrestabile del «Vangelo continuato», un altro modo per definire la Chiesa legata a una necessità, l'unica che preserva il suo valore e vigila sull'autentica trasmissione del Vangelo, nelle trasformazioni che inevitabilmente subirebbe: perché essa sarebbe sempre ciò che aveva bisogno di essere per salvare il Vangelo salvando sé stessa. La temporalità, la condizione storica e pratica degli esseri umani, diventa il presupposto inalienabile della fede, operando un'inversione di quanto stabilito teologicamente. Di più, la divaricazione tra i piani storici e dogmatici, avrebbe impedita la giusta comprensione del valore della relazione umano-divina nell'economia salvifica, nel riflesso della distinzione-separazione del Cristo della storia dal Cristo della fede, introdotta dalla *Vita di Gesù* di David Friedrich Strauss. Due realtà tra loro separate che spezzano l'unità del dogma cristologico, relegato alla proiezione delle speranze dei discepoli e dei successivi credenti, dividendo i piani delle competenze d'indagine. Il Cristo della storia, fondatore del cristianesimo, profeta messianico che compendia il movimento apocalittico giudaico, sarebbe stato oggetto della perizia esegetica, filologica e storica, assecondando le interpretazioni escatologiche di Albert Schweitzer e di Johannes Weiss. Il credente lontano dalle vicende storiche, a seguito della mediazione dei discepoli, si colloca in una continuità proiettiva che dall'origine deduce con gli occhi della fede, vedendo quello che lo storico non vede: umano-divinità, miracoli. E fonderebbe in questo modo le sue convinzioni sull'ineffabile.

CAP. III

Il quadro teologico-spirituale

Mentre era innervato nella cultura un umanesimo fiero della fiducia nella sola ragione, la teologia a seguito delle indicazioni venute dal Concilio di Trento sorvegliava i confini di quanto stabilito in funzione pastorale. Non incoraggiava la creatività speculativa, richiedendo vigilanza anche offensiva riguardo a quanto nella cultura poteva esprimersi, estendeva il controllo per impedire l'accesso dei fedeli alle Sacre Scritture, blindate nella versione latina della *Vulgata*. Il nucleo delle dottrine, considerato certo e infrangibile, doveva essere custodito *dentro* con zelo, perdendo di fatto il contatto con tutto quello dal XVII secolo andava accadendo *fuori*, e in questo modo si smarriva l'occasione di fermentare e farsi benevolmente fermentare dalla cultura. Comprensibilmente il trauma della Riforma aveva alterato lo sguardo, e piegato la postura in arroccamento, alzando mura che si attraversavano per l'imperativo di carità di alcuni, ma solo sul piano sociale, prevalentemente assistenziale. Quello che rassicurava era l'omogeneità, concentrandosi sull'identità e concependo una religiosità introversa e inadatta a discernere, avvertendo solo la minaccia di quanto potesse essere diverso, o presentare una differente rappresentazione della realtà, ritenendola contagiosa. Viene a disegnarsi, così, prevalentemente, una sacralità intangibile, per un cristianesimo che diveniva serratamente cattolico negando fiducia alla contaminazione che l'aveva generato. Questo fissa le premesse di una divaricazione il cui segno si riconosce ancora, dolorosamente. Il mondo religioso appariva lacerato dalla divisione, ma esisteva un altro problema di riflesso e sottovalutato, quello del formarsi di un'idealità intellettuale autonoma dalle cattedre ecclesiastiche, non per esserne necessariamente antagonista, ma per recuperare sul piano dell'integrità l'unità della persona, della coscienza e dell'azione. Per quanto non diretto a questo proposito, anzi fuori da ogni scopo per natura, il filone mistico, di fronte al sistema impersonale dell'istituzione e della sua dottrina, offriva un contributo alla piena presenza di sé, volitiva e fedele, di mente e cuore, per un cristianesimo di vita e spirito.

In questo quadro, verso la fine del XIX secolo, molti animi si infervorano, altri si inabissano estenuati dalle trappole dell'illusione. Alcuni scavano in quel sotterraneo germinare che ricavava linfa dall'umanesimo e ricercava nel passato, nella storia. Campione ne era stato Erasmo, persistente propulsore di una rigenerazione cristiana. Sarebbe stato necessario allentare la rete inspessita dalle articolazioni concettuali, per far transitare e respirare le formulazioni nel sobrio contatto con le risposte del cuore, nella vita vissuta come esperienza di fede, trasfigurando il dogma nell'*ethos* ribollente lo Spirito. Ma questo richiedeva un recupero di quanto era andato perduto da almeno tre secoli, quando, per eccesso di dialettica, i concetti si erano allontanati dalla carne, i simboli avevano perduto il tocco di far pensare creativamente, nell'ebbrezza della ragion sufficiente, divaricando cielo e terra, complice un platonismo ricusante quanto era 'basso'. Le parole che non toccano le cose non possono più essere ponti e sentinelle: nell'astrazione rinsecchiscono le radici polimorfi, e così il nesso col divino. Il *saeculum* si congeda dall'Eterno cominciando dal linguaggio.

Tornando agli effetti del Concilio di Trento, l'urgenza di un presente da riformare, cercava nel Vangelo il suo canone per guardare al futuro, ma spesso ne smarriva il fermento. Si avvertiva l'insufficienza delle cerniere dottrinali che dovevano apparire senza età per saldarsi all'infinito. Pensare organicamente la dottrina, immetteva la forma della Chiesa in una tensione dinamica, che però non riusciva a conciliarsi, come al tempo di san Francesco e Dante, nell'evidente incoerenza di uno sviluppo tra forma primitiva e spettacolarizzazione della mondanità ecclesiastica, senza l'ammissione di un deragliamento. Bisognava scegliere se riprendere la sequela o fermare il tempo nell'astrazione concettuale, costruendo un'immobile mondo parallelo. Un significativo esempio di ricerca di soluzioni a questi problemi era venuto dal gesuita Denys Petau (1583-1652), filologo, storico e poeta. Il suo intento era stato porre riparo alle degenerazioni della scolastica. Tramite l'enciclopedismo unito all'imperativo pratico ricevuto dalle indicazioni di Sant'Ignazio per la teologia, edificò con la sua ricerca un monumento allo Spirito, vero protagonista di un cristianesimo nella storia viva della fede, compreso con una metodica personalista e dinamica[1]. Studiare i dogmi evo-

---

[1] A Petau si devono edizioni di Sinesio di Cirene, Temistio, Giuliano l'Apostata, Niceforo, Epifanio di Salamina. Inoltre si dedicò a due opere cronologiche, *De Doctrina temporum* (1627) e *Rationarium temporum* (1613), elaborando un metodo oltre che un'analisi storico-filologica, da applicarsi per tutte le epoche. Grande avversario del giansenismo, nella polemica sulla comunione frequente con A. Arnauld (*De la pénitence publique et de la préparation à la communion*, 1644), svi-

lutivamente, e quindi considerando il crogiuolo spirituale, morale e culturale come sostanza non marginale, e come attestato della vita di fede che per obbedire partecipa alla sua continua ricreazione, venne severamente censurato, incline, secondo i suoi delatori, a contribuire alla distruzione della dottrina tradizionale. Eppure aveva allargato le sue visioni a contatto con la lezione di Pietro di Blois (1135-1204), lì dove ritenersi cattolico esigeva, a contatto coi tempi e le culture, riprendere la lezione degli antichi, e divenire ape industriosa, per dare *iunctura*, organicità, e potenza direttiva alle dottrine tradizionali. Celebre la sua affermazione:

> Siamo nani sulle spalle di giganti; vediamo più in là di loro; e rivivifichiamo con una certa novità del loro contenuto le forme del pensiero, devitalizzate (*quasi jam mortuas*) dalla loro vetustà[2].

Nel 1678, l'oratoriano Richard Simon pubblica la *Storia critica dell'Antico Testamento* cui seguiranno, nel 1689 *la Storia critica del Nuovo testamento*, e delle sue *Versioni* nel 1690, e nel 1693 la *Storia critica dei principali commentatori del Nuovo Testamento*. Queste opere sostengono un'intuizione posta di fronte a due ordini di problemi. Il primo derivante dalla *Vulgata* come testo di riferimento, e

---

luppa una teoria evolutiva della Tradizione. Ma si deve ai quattro tomi degli incompiuti *Dogmata theologica* (1644-1655) il suo più grande contributo, fedele al lascito di Bellarmino e Maldonado, di esporre la teologia come storia, e la dottrina cattolica con le sue fonti, Scrittura e Tradizione. Dovremo attendere il padre Ferdinand Prat, s.j. (1857-1938), che ne raccolse il lontano testimone negli studi della Bibbia e delle antiche fonti delle culture orientali, mostrando l'evidenza che la Scrittura contiene una teologia viva ed applicabile, nel contatto con le fonti, ai campi della vita cristiana di ogni tempo.

[2] PIETRO DI BLOIS, *Epistola* 92, *Patrologia Latina* 207, 290.

il secondo desunto dalla rigidità con cui i riformati si riferivano a un fissismo filologico che fermava, assolutizzandolo, un determinato tempo sulla Scrittura. Vi oppose la convinzione che ogni testo biblico per quanto veramente ispirato, non potesse essere letto rigorosamente senza che vi si scorgesse la distinzione fra Tradizione orale e scritta, formatasi, quest'ultima, lungo un processo e con il contributo di noti e ignoti, di singoli e comunità, testimone di un'esperienza religiosa. Tale esperienza, ritenne, non poteva considerarsi interrotta, e arrivando alle edizioni e alle traduzioni, si sarebbe estesa alle ulteriori letture. La reazione fu violenta. Simili idee avrebbero minato la solidità dei sistemi dottrinali, avrebbero sostituito il verbo infallibile con la mutevole parola umana, e per i riformati avrebbero reso improbabile il nesso tra fonte e istituzione. Sono solo due esempi che preannunciano le fatiche a cui si sarebbe sottoposto Blondel, descrivendo la difficoltà di prendere sul serio, insieme Dio e la storia.

Non marginale, come abbiamo accennato, fu in questo secolare travaglio spirituale e culturale, l'apporto della mistica, destrutturante per il codice poetico che la caratterizzava. Doveva accadere, ma non ebbe il risultato che prometteva, quanto avvenne quando il profeta Elia, davanti al Dio che si scopre copre il suo volto (*1Re* 19, 11-13), dando figura a *myein*, l'etimo greco della parola mistica, che indica la chiusura degli occhi: il Signore passò, ma non sarebbe stato riconosciuto nel vento impetuoso, nel terremoto, nel fuoco, ma in una brezza leggera, nella voce sottile di silenzio. Una lezione che punge la monumentalità dei sistemi: il contatto conoscitivo deve purificarsi attraverso negazioni, rovesciamento di quanto sembrerebbe più adatto, corposo, comune, per congiungersi all'archetipo dell'indicibile più intimo, dentro il respiro dell'io. Nel

1675 il *Pellegrino cherubico* di Angelus Silesius, pregno di un travaglio che testimonia la tradizione fiamminga e germanica, che spinse l'autore a transitare dalla Riforma al cattolicesimo tramite la filosofia e la teologia neoplatonica, comunicò la scoperta di Dio nell'interiorità, dove il tempo, lo spazio, le categorie del linguaggio, si arrendono alla luce e all'amore. Il punto di contatto è l'umanità di Cristo, testimone inestinguibile della relazione tra terra e cielo. Concretezza senza rigidità, e spirito, vivono insieme secondo un dinamismo inarrestabile. Una tensione sacramentale promana da ogni cosa: fermarsi, definire, chiudere, isolarsi, manifesterebbe il contrasto del peccato. A niente servirebbero le categorie, se non a coprire la congiuntura vitale, dinamica e dinamizzante, del prolungamento dell'incarnazione nella vita, a cui si dà salvezza precedendo ogni assenso, esperibile nell'interiorità preparata da sempre ad accogliere la trascendenza. Si trova Dio nella sete e nella fame, amore che corrisponde al bisogno di essere amati. E l'amore provoca sempre un'uscita, nell'*incipit* del Logos che cerca la carne, segno indelebile dell'essere infinito di ogni forma finita.

Con occhi attenti, nonostante le conseguenze di ogni appropriazione, si sarebbero trovate tracce di tutto questo come aggancio di un possibile dialogo, nelle filosofie di Kant, Schleiermacher, Hegel, Schopenhauer e Nietzsche, testimoni a loro modo di un appello che Blondel non vuole respingere per rimotivare il cristianesimo a formularsi come annuncio di salvezza. Rivive l'accento di Pascal, la sua centralità cristologica, soluzione conoscitiva, contemporaneamente, del Dio che si rivela e del cuore che lo desidera. Ogni ragione si riformula nella Rivelazione che è vita divina in quella umana.

La mente dell'intellettuale ottocentesco si era alimentata e colorata attraverso lunghe radici impiantate nel fermento di queste esperienze, coltivandosi nell'ambivalenza di chi ne riconosceva la connaturalità o le ripudiava. Le ultime decadi del secolo XIX sono scosse da due encicliche di Leone XIII, *Aeterni patris* (1879) e *Rerum novarum* (1891), segnali di un travaglio nella percezione del mondo, e della riscoperta, anche se siamo ai primi passi, della natura missionaria della fede. Da questo insegnamento si ricava la necessità di preferire accompagnare i cambiamenti, anziché assecondare di principio l'opposizione. Il primo testo magisteriale intende esprimere la sollecitudine della Chiesa per il progresso del sapere evocando l'epoca Scolastica in cui filosofia e teologia erano perfettamente congiunte. Sullo sfondo c'è il trauma del disfacimento dell'equivalenza tra la rappresentazione cattolica del mondo e la realtà, che aveva provocato la condanna del Vaticano I nei confronti di chi professava indimostrabile l'esistenza di Dio, ponendo inimicizia fra ragione e fede. Come soluzione all'evidente crisi di un sistema speculativo prevalentemente concentrato nella ricerca degli errori altrui, si chiede di rimettere a base di ogni ricerca e insegnamento la sapienza del principe degli scolastici, san Tommaso d'Aquino, modello di valorizzazione del bene presente nelle culture, e di rigenerazione intellettuale in senso cristiano. La seconda enciclica in questione, come argine al divampare delle idee socialiste, ribadendo il carattere naturale della proprietà privata, mette al centro il solidarismo cristiano, l'indispensabile ricerca di accordo tra proprietari e salariati, la condanna della diseguaglianza delle ricchezze, la tutela dei lavoratori da parte dello Stato, il diritto alle organizzazioni sindacali. Entrambe le encicliche testimoniano la fessurazione dello spesso muro che si era edificato intorno alla Chiesa, succube della propria convinzione di autosufficienza e di tanti timori. Si era ancora persuasi che poco ci sarebbe voluto per spegnere la fiamma smorta delle nuove convinzioni, trepidanti nel vento della modernità, mentre, invece, divampava l'incendio. Una testimonianza letteraria sugli effetti dell'enciclica sociale leonina, potrebbe aiutare a chiarire l'ambivalente atmosfera. Si erano avuti entusiasmi, sospetto, disincanto *ex-post*, finalità stravolte, che emergono dal dialogo tra due sacerdoti, un giovane e un vecchio, nelle prime pagine del romanzo di Bernanos, *Diario di un curato di campagna*:

> La famosa enciclica di Leone XIII, *Rerum Novarum*, - è il più anziano a parlare - voi la leggete tranquillamente, coll'orlo delle ciglia, come una qualunque pastorale di quaresima. All'epoca, piccolo mio, noi avevamo creduto di sentire la terra tremare sotto i nostri piedi. Che entusiasmo! Ero, in quel momento, curato di Norenfontes, in piena terra di miniere. Quella idea così semplice che il lavoro non è una merce, soggetta alla legge della domanda e dell'offerta, che non si può speculare sui salari, sulla vita degli uomini, come sul grano, lo zucchero o il caffè, questa ribaltava le coscienze, ci credi? Per averla spiegata in pulpito ai miei parrocchiani sono passato per un socialista e i contadini benpensanti mi hanno fatto esiliare a Montreuil. Di essere in disgrazia me ne infischiavo, renditi conto. Ma in quel momento...[3].

Quelle encicliche destarono animi inquieti e contrapposero generazioni[4]. Lontano dai loro intenti sobillarono frange zelanti ma disattente alla portata integrale dei due messaggi. Insieme erano un invito al disarmo delle dialettiche a beneficio di una prossimità, da restaurare in obbe-

---

[3] GEORGES BERNANOS, *Diario di un curato di campagna*, Mondadori (Meridiani), Milano 1998, 588.

[4] «Tradizione! bofonchiano i vecchi. Evoluzione! tuonano i giovani», Ivi, 550.

IL QUADRO TEOLOGICO-SPIRITUALE

dienza al primato della salvezza. In fondo lo aveva detto il curato più giovane, protagonista del romanzo:

> Noi conserviamo, sia pure. Ma conserviamo per salvare, ecco quello che il mondo non vuole comprendere: poiché esso chiede solamente di durare. Adesso, non può più contentarsi di durare[5],

cui gli farà eco l'altro:

> La società moderna può ben rinnegare il suo maestro, è stata riscattata anch'essa... Dio ha salvato ognuno di noi, e ognuno di noi vale il sangue di Dio[6].

Ognuno, ma non da soli. Avanza una percezione plurale del fatto della salvezza nella storia, dove anche Dio, legandosi a un popolo, sacramento della sua azione efficace, rivela un nome che si invoca in forza di una comunità che cresce.

La questione, però, non poteva affrontarsi contrapponendo conservazione a progresso. Il punto che sta a cuore anche a Blondel è il caso serio della salvezza, e l'evidente inadeguatezza degli strumenti teoretici, necessari a fondare e a rimotivare al senso di una trascendenza, lì dove anche la filosofia moderna stava facendo i conti con il disincanto, constatando l'inappagamento che resisteva, a fronte degli ottimismi della sola ragione che individualizza la ricerca ipertrofizzando la soggettività. Era necessario spezzare la solitudine dell'io di fronte al divino, restituendo alla ragione una comunità, e la comunità a una mediazione. Riconoscere valore alla mediazione avrebbe condotto a una necessità ermeneutica capace di stemperare la rigidità delle contrapposizioni, irrisolvibili senza cogliere che il mistero

---
[5] Ivi, 576.
[6] Ivi, 578-579.

nella storia sopprime la sua libertà radicandola nell'alterità, preservandola nella distanza.

Le difficoltà, come abbiamo visto, vengono da lontano. Si aggiunge un'altra questione: assestare la relazione storia-salvezza, in cui la trascendenza non fosse ostaggio del fluire degli eventi-racconti, rinunciando a pensare l'oggettività come immobile per essere vera, oppure verificabile solo scientificamente. Alla Chiesa mancavano ancora una filosofia e una teologia della vita nella storia. Ed era la necessità di pensare la Rivelazione come espressiva di una teologia della storia della salvezza, che aveva fecondato la stagione dei Padri. Una teologia e una filosofia della storia credente, in tensione solidale, avrebbero consentito di ripensare coerentemente quello che il metodo scientifico estraeva dallo scarto della fede, e quello che la fede separava dalla storia. Mai l'una senza l'altra, riconoscendo che «all'interno stesso della storia» ci sia «un momento che in qualche modo supera la storia», in obbedienza alla formula di Calcedonia. Ma sarebbe stato necessario porre con chiarezza che il punto inalienabile della loro compatibilità ermeneutica doveva essere e sarebbe stato sempre - fu la questione più incisiva che oppose Blondel a Loisy - il riconoscimento della figliolanza divina di Gesù Cristo:

> Il criterio ultimo della verità di un processo ermeneutico si può individuare nel rispetto (o meno) della formula di Calcedonia, che è veramente l'«apriti sesamo» della teologia: «Senza confusione, né divisione, senza mescolanza né separazione»... Infine, c'è una verifica propriamente teologica dell'ermeneutica, quando si è in grado di mostrare che la rivelazione di Gesù Cristo e l'effettività della storia della salvezza, lungi dal ridurre il pensiero del tempo, gli danno al contrario un'estrema profondità filosofica[7].

---

[7] Ghislain Lafont, *Storia teologica della Chiesa. Itinerario e for-*

A questo scenario va aggiunto che i tentativi operati di considerare la Bibbia come testimonianza di una trasmissione, erano nel concerto di quanto la filologia andava perseguendo, inserendo criteri ermeneutici plurali, appuntati sui generi letterali legati a comunità redazionali, di riscritture crescenti[8]. Gli effetti apparivano intollerabili di fronte alla caduta conseguente dell'unicità autoriale che metteva in una luce diversa la questione della simmetria autore-fondatore, ancor più difficile da accettare nell'apicale riferimento a Mosè e il Pentateuco, Gesù e i Vangeli. Non si negava l'ispirazione, ma la si collocava dentro uno spazio comune, dentro il quale si rilevava l'incidenza sociale

---

me della teologia, Edizioni San Paolo, Cinisello Balsamo 1997, 288. È importante estendere la citazione: «Il problema teologico era (e un po' rimane sempre) il seguente: quali che siano la teoria e la pratica della conoscenza storica, esse non possono mettere in dubbio la figliolanza divina di Gesù Cristo, la realtà della sua risurrezione, l'unicità della sua mediazione salvifica; il che significa in altri termini che bisogna riconoscere, all'interno della stessa storia, un momento che in qualche modo supera la storia. È chiaro che né una prospettiva semplicemente evoluzionistica (da un inizio modesto a un compimento perfetto, per tappe omogenee), né una prospettiva puramente dialettica (in cui nessun momento intratemporale può aspirare a una singolarità irriducibile rispetto al processo dialettico) possono rendere ragione di questo dato della fede. D'altra parte bisogna dire che, se la fede ha come termine il suo oggetto, cioè la persona e l'opera di Gesù Cristo riconosciute nel tempo storico attraverso lo Spirito che illumina la testimonianza apostolica, allora nessun linguaggio può esaurire né questa testimonianza, né il suo oggetto. Non vi è neppure alcun movimento della fede che possa esaurire l'impulso dello Spirito; c'è dunque sempre un'attività ermeneutica».

[8] La fiducia nell'ermeneutica crescente è fenomeno la cui radice è spirituale: «La Scrittura cresce con chi la legge... cammina con te», GREGORIO MAGNO, *Omelie su Ezechiele* I, 7, 9; I, 7, 15-16; ID., *Commento morale a Giobbe*, XX, 1; La scrittura è *sorgente* (*Dei verbum* 21); una «fontana zampillante», ORIGENE, *Commento al Vangelo di Giovanni* XIII, 6, 37: EFREM IL SIRO, *Commentario al Diatessaron* I, 18-19.

e culturale. Di più, si doveva ricomporre la compatibilità tra credenza e metodo scientifico, e rivisitare l'asserto dogmatico che si era costituito nella relazione probante di quella Scrittura che sembrava perdere la sua stabilità di riferimento. Un contributo di grande rilievo venne dal domenicano Marie-Joseph Lagrange (1855-1938), fondatore dell'École biblique di Gerusalemme. Nel 1903 pubblica *Il metodo storico. La critica biblica e la Chiesa*, difendendo la cattolicità dell'accordo tra cultura e trascendenza, tra metodo letterario e fede. In soccorso richiamava la relazione tomista tra causa prima e cause seconde, espressioni delle azioni naturali, liberi strumenti di quella divina. Tutto quello che appariva contraddittorio, mirato a distruggere le tracce del divino, viene assunto a complementare, si trattasse di archeologia, filologia, storia delle religioni, antropologia, ognuna e insieme a servizio dell'interpretazione delle Scritture.

Gli storicisti, come abbiamo visto, perseguivano una via di contrasto all'identificazione tra realtà storica e realtà ontologica, con Cristo ritenuto un personaggio, ridotto alla sua coscienza umana, e la sua divinità frutto della credenza, dunque attribuita dai fedeli. La rivelazione biblica sembrava comprimersi sotto il peso della filologia e di una storiografia rassicurata dal fluire di evidenze solo umane: idee, miti, culti, attese impastate di economia, diritto, politica, e multiformità di stili. La fonte plurale confliggeva con l'unità dell'ispirazione divina e con l'omogeneità delle conseguenze istituzionali. A repentaglio era la credibilità dell'istituzione ecclesiastica, assicurata da sempre di possedere una verità trascendente. Si avvertiva, dentro la Chiesa, il pericolo di una minaccia interna, aprendo un fronte che si sommava a quello più facilmente praticato contro i nemici esterni. Per Blondel, sofferente del conflitto, consapevole della mutazione polimorfe della cultura, non si trattava di dover scegliere tra occorrenze antagoniste, quelle della storia e quelle della fede. Pensare richiedeva un passo oltre l'esegesi, senza prescinderne, e nello stesso tempo non andava respinta un'analisi storica del cristianesimo. Le temperie culturali, politiche, sociali in Europa, contrastavano quanti, soprattutto nella Chiesa, difendevano l'*ordine* morale e civico, puntellandolo su quello religioso, emanazione di una corrispondenza, ritenuta infrangibile, tra idee e sistema istituzionale e veritativo, la *societas christiana*, il cui fondamento insiste nella volontà divina e per l'istituzione da parte di Gesù Cristo. L'analisi storica risultava un pericolo relativizzante l'assoluto. Soffiava anche il vento di una tentazione misticheggiante, offerta come soluzione nella contrapposizione tra storia e dogma. George Tyrell (*Nova et vetera* 1897, e *Il cristianesimo al bivio*, uscito postumo nel 1909) aveva sostenuto il permanere globale, anche se pulsante, nella relatività delle vicende umane, di un centro spirituale attorno a cui si irradiano le compagini ecclesiastiche, teoriche e pratiche. E il dogma non doveva essere ritenuto nella rigidità formale, ma risultare eco di una rivelazione dinamizzante, che interpella la storia, oltre l'avvicendamento implicito/ esplicito. Quindi ogni tempo della Chiesa avrebbe dovuto, per adempiere alla sua missione, sovvertire il suo lessico e le sue abilità, riabilitare la comunicazione e la prassi di quanto credeva di fronte al tempo, per rigenerare – misticamente, intuitivamente, emotivamente - la sua fedeltà allo spirito, usando la lettera come sentiero per ricongiungersi al mistero.

CAP. IV

In partibus infidelium

Blondel, convinto che l'unico principio di verità inesauribilmente feconda si possa trovare nel cristianesimo, intende superare il dogmatismo intellettuale. Non si consola con una filosofia separata che attinga solo al passato glorioso dei discepoli cristiani di Platone e Aristotele, lasciando inconcluso un cantiere che, invece, proprio dagli 'avversari' del tempo presente avrebbe potuto attingere il materiale per costruzioni future. Nella scaturigine delle naturali esigenze razionali ricavate dalle implicite aspirazioni della volontà, egli era persuaso che fosse necessario e possibile riconoscere e dimostrare l'ordine soprannaturale, tutelandone l'indisponibilità per la natura umana.

L'*Aeterni Patris*, aveva indicato alla filosofia l'utilità di non uscire «mai dalla via già presa dai venerandi Padri dell'antichità», soprattutto san Tommaso d'Aquino «che ebbe in sorte l'intelligenza di tutti». Tomisti come il gesuita Bernard Gaudeau e i domenicani Alberto Lepidi, Marie-Benoît Schwalm, Hippolyte Gayraud, avevano pensato di obbedire alle indicazioni papali perseguendo una filosofia intellettualistica e statica, in cui, però, risultava assente il proprio cristiano di una relazione contemporaneizzante il Vangelo. Finivano, così, per sbilanciarsi a favore della condanna dei sistemi antagonisti, a scapito dell'esercizio critico sul proprio. L'illuminismo deista aveva giustificato l'esigenza di limitarsi a una religione naturale. A fronte, con l'aggravante del positivismo ottocentesco, l'apologetica cattolica opponeva l'insufficienza della ragione naturale bisognosa di un completamento operato dalla Rivelazione. Questa veniva rappresentata come insieme di dottrine e precetti positivi da accettare sottomettendosi all'autorità divina rivelante. La credibilità non era posta nella relazione tra senso del contenuto e fatto rivelato, per cui si presumeva bastasse l'attestazione che fosse vero quanto sottoposto alla fede. La fede, il suo assenso, rilevava razionalmente il contenuto, senza ritenere necessaria la grazia, e negando, di conseguenza, le corrispondenze tra cristianesimo ed esistenza. Discendeva una distinzione di campi tra apologetica (applicata al fatto argomentato in forma apodittica, metafisicamente, fisicamente e storicamente) e dogmatica (applicata al contenuto vigilato dalla Chiesa ritenuta soprattutto autorità magisteriale, caratteristica che coglie la prevalente determinazione antiprotestante). Di fronte al razionalismo si edificava un sistema dimostrativo retto razionalmente e oggettivamente, conseguente a implicazioni logiche, puntellato da criteri esterni quali le profezie e i miracoli, nel novero dei segni oggettivi considerati capaci di corrispondere all'esigenza dello spirito umano. Conseguiva l'estrinsecismo della dimostrazione interamente sostenuta da prove esterne di carattere esegetico e storico nella distanza tra il fatto della Rivelazione e il suo contenuto. Provato che sia Dio ad aver parlato, nulla avrebbe potuto mettere in discussione la sua scienza e verità. Ma come si sarebbe potuto riconoscere e accogliere quanto di esterno non avesse sintonia e corrispondenza interiore? E il miracolo quanto povero appariva senza esaltare il suo valore simbolico, espressione di quella gratuità amorevole rivolta all'umano[1]? Paradossalmente, contestare ai filosofi moderni la presunzione di sufficienza della ragione, nel neotomismo si trasformava in un intellettualismo opposto ma simile nel segno, ritenuto buono dentro un sistema che in nome di Tommaso ne deformava la traccia. L'Aquinate, mente inventiva e feconda della teologia che indaga prima di definire, diveniva l'autorità di blocco, la bandiera dell'ortodossia difesa da bastioni. Blondel coglie l'insufficienza di tale sistema sin dalla prima edizione de *L'action* (1893), continuando a rifletterci nella *Lettre sur les exigences de la pensée contemporaine en matiére d'apologétique et sur la méthode de la philosophie dans l'étude du probléme religieux* (1896), e in *Histoire et Dogme. Les lacunes philosophiques de l'exégèse moderne* (1904). Lo preoccupa che l'intellettualismo e l'estrinsecismo dell'apologetica, in un momento culturale in cui l'attenzione alla dimensione soprannaturale andava escludendo il soggetto umano, potesse lasciare irrisolto o mal congegnato il problema della relazione tra naturale e soprannaturale[2]. Era consapevole che nel contendere, do-

---

[1] Gli studi sull'apologetica del segno di PIERRE TIBERGHIEN (*La science mène-t-elle à Dieu? Introduction scientifique à la question religieuse*, Parigi 1933) e di EUGÈNE MASURE (*La grand'route apologétique*, Parigi 1938; *Le passage du visible à l'invisble: le signe. Psycologie, histoire, mystère. Le geste, l'outil, le langage, le rite, le miracle*, Parigi 1953), derivano in buona parte dall'intuizioni critiche di Blondel. Masure esplorando le disposizioni interiori, psicologiche, indica il vuoto spirituale, la fame che ne deriva, come scavo della grazia anteriore alla fede. Si coglie l'eco del commento di Agostino alla parabola del figliol prodigo, quando a proposito del desiderio di ritornare alla casa paterna collega nel nesso causale l'attesa del padre al desiderio del figlio, cf. *Discorso* 112/A, 6; sull'azione della grazia nella decisione: «È il verbo stesso che ti grida di tornare», *Confessioni* IV 11, 16.

[2] «Osservate la strana difficoltà in cui ci si trova gettati: se si insiste sulla conformità del dogma ai bisogni del pensiero, si rischia di non

vendo sacrificare l'uno all'altro, si sarebbe svilito il valore della realtà, ridotta a fornire

> segni ai sensi e prove al buon senso... Come a dire che dai fatti abbiamo semplicemente staccato un segno, un cartello, per fissarlo all'ingresso del torrione dogmatico[3].

Così intesa, la storia avrebbe assunto il valore di spazio provvisorio, da cui il ragionamento trae la dimostrazione del carattere divino a cui appartiene, rassegnato a riceverne il benservito. È come se dopo aver fornito la chiave, fosse ringraziata per i suoi servizi provvisori e messa fuori, divenuta la «casa», ormai, d'altri:

> Dovrebbe essere superfluo notare che non nego affatto la realtà, o la forza probativa dei segni e dei miracoli: critico soltanto l'uso incompleto che ne fanno certi apologisti. Vogliano costoro non identificare il loro modo d'interpretare e di utilizzare una prova con questa stessa prova, e cioè nell'istante, e questo proprio quando mi sforzo di preparane, di assicurarne tutto il valore[4].

Fissarsi sulla metafisica oggettiva e razionale per arginare le idee moderne non era, quindi, la soluzione. Anzi, avrebbe aggravato il conflitto tra ragione e fede. Diversamente, come attitudine davvero cristiana, si poteva con-

---

vedervi che una dottrina stupendamente umana; se si afferma subito che esso supera e anche sconcerta la ragione o la natura, allora si abbandona il terreno dell'argomentazione scelta e il campo della ricerca razionale. Così questa apologetica filosofica o smette di essere un'apologetica, oppure di essere una filosofia», Maurice Blondel, *Lettera sulle esigenze del pensiero contemporaneo in materia d'apologetica e sul metodo della filosofia nello studio del problema religioso*, da ora in poi indicato col titolo editoriale di *Lettera sull'apologetica*, Editrice Queriniana, Brescia 1990, 46-47.

[3] *Storia e dogma*, 47.
[4] *Ibidem*, nota 4.

sentire a un sistema che valorizzasse la dimensione progressiva e pratica della coscienza, cercando un'intesa su quanto non negato dalla filosofia contemporanea. Dialogare intorno all'inquietudine che muove ragione e scelte, avrebbe permesso di riconoscere in quell'inappagamento l'invocazione di una trascendenza capace di comprendere pensiero e azione. L'insufficienza della ragione di fronte alla grazia divina avrebbe svelato la sua *capax Dei*. Di più, ora, doveva esigersi una rinnovata rappresentazione di quanto definito cattolico, lasciando spazio all'evidenza di un dinamismo aperto, inventivo, verificato nell'esperienza, nella salvaguardia dell'iniziativa divina.

Quanto Blondel ricava interrogandosi sui limiti del positivismo, che vede come metodo in costante ricerca di discussione e conferma, sempre migliorabile, lascia tracce per una fenomenologia dell'azione umana. Sta dedicandosi a una metafisica della volontà e dei fatti, ripensando la questione della *fede* come *fatto che trattiene e rilascia* un *continuum* esigente, teso tra finito e infinito. Questo, nella storia, traspare sacramentalmente, con l'iniziativa e la speranza divina all'inizio, durante - gli *umbriferi prefazi*[5]-, di fronte alla fine donata come pienezza. Quello che s'intende spiegare nella relazione storia-dogma, perché non si dia per un amaro dilemma, ha già trovato la sua deliberazione nella non necessaria alternativa tra ragione e fede. La soluzione analoga alla coscienza mobile opposta alla ragione concettuale, porterà a cercare una via media tra immanenza e trascendenza, non esterna a quanto avviene nella vita, parte di quell'esperienza individuale e comunitaria in tensione continua di conversione. Essere credenti

---

[5] Secondo il verso dantesco, «son di lor vero umbriferi prefazi» (*Paradiso* XXX, 78), la storia è preludio alla verità da cui si è trascesi.

non risulterà più mera sottomissione autoritativa di tutte le proprie facoltà, di fronte a un dato astratto e immobile.

Per l'apologetica, Blondel individua tre punti costitutivi, chiarendo come l'impostazione tradizionale abbia una fallacia: il miracoloso, colto dai sensi; il divino dalla ragione, il soprannaturale, definito dalla Rivelazione autenticata dal miracoloso divino. Il problema è che ognuno degli elementi resta nella ripartizione isolato dall'altro. Pareti esteriori dell'edificio intellettuale, fondato sulla constatazione empirica cosicché qualsiasi incrinatura della teoria della percezione o del ragionamento sarebbe risultata una minaccia alla fragilità dell'edificio. Tra storia e dogma, come tra natura e soprannatura è necessario fissare un ponte su cui serenamente transitare partendo e tornando, dimostrando che nella «casa» tutti vi possono abitare, siano fatti di cielo che di terra, dove, ormai, la forma è sostanza sinergica, mirabile impasto. In quanto separati, divisi, subalterni, «la storia non basta al dogma, né i fatti alla fede». Per rafforzare l'indispensabile «cucitura» tra tutte le dimensioni e le realtà che le esprimono, sarebbe stato necessario tener conto di un altro aspetto: che il rivelarsi divino è un'azione rivolta ai soggetti di ogni tempo nel proprio tempo, e dunque non poteva esserci un'apologetica che estromettesse la cultura, la vita, la storia, quella reale, non semplicemente quella testuale a cui si riferiva Loisy[6]. E dunque la Tradi-

---

[6] Cf. *Storia e dogma*, 49 e nota 5: «Tre pezzi di riporto verranno congiunti: il miracoloso sarà fornito dalla percezione dei sensi; il divino sarà mostrato dal lavoro razionale; il soprannaturale verrà definito dai dati della rivelazione autenticati dal miracoloso divino. Ma questi elementi restano esterni gli uni agli altri e sono collegati per noi soltanto da un ragionamento, edificio tutto intellettuale che si fonda unicamente su una constatazione empirica: dal che si vede come il minimo attacco alla teoria della percezione e del ragionamento che esso richiede come base,

zione non sarebbe stato un riporto sigillato, ma la testimonianza interlocutoria dell'incontro con il Dio che vuole farsi trovare. Allora, come si sarebbe potuto negare alla vita d'essere un suo costitutivo essenziale, tratteggiando l'orizzonte che raccoglie, senza separazione o confusione, storia e dogma? Per poter chiarire quel fondamentale passaggio-staffetta che conduce dalla storia alla fede, e dalla fede a una storia esperienza e attesa di salvezza, Blondel intende dimostrare l'intima connessione tra spirito umano e soprannaturale, pensandola radicata nell'azione, che non è l'attività pratica distinta da quella speculativa, ma la scaturigine dinamica della ripartizione tra intelletto e volontà. Inoltre, confidava in una nuova filosofia delle scienze per la soluzione dei grandi problemi che incidono sul destino di tutti[7]. A cuore, aveva il problema della salvezza, tema che doveva avere rilevanza filosofica, nell'evidenza di quello scarto, in tutti, tra reale e ideale, opera e volontà. Partire dai bisogni e dalle aspirazioni della coscienza

---

ne minacci la fragilità. Non dico che queste teorie siano false, né che questi tre elementi non esistano, né che il filo teso fra loro dalla tesi che esamino non sia continuo: dico che questi elementi sono cuciti ancora da altro, e che questo filo, che basta per sostenere ancora certi spiriti, non è una tessitura così robusta da legare al soprannaturale così com'è tutti gli spiriti così come sono, anche legittimamente, oggi».

[7] «Non c'è maggior accordo o conflitto possibile fra le scienze e la metafisica, che incontro fra due linee tracciate su piani differenti... sarebbe sbagliato credere che le scienze non hanno alcun rapporto fondamentale con le questioni vitali e alcun ruolo nella soluzione dei grandi problemi che toccano il nostro destino...ci sarebbe da tentare tutta una nuova filosofia delle scienze, per stabilire che, se le teorie delle scienze positive non possono affatto essere prese come elementi materiali delle costruzioni metafisiche, esse non sono però arbitrarie nella loro sostanza, né separate dal resto della vita umana che forma, nel suo insieme, un solo e unico problema da risolvere», MAURICE BLONDEL, *Lettera sull'apologetica*, 38-39.

umana avrebbe offerto l'evidenza dell'esigenza di un trascendimento. Si sarebbe scorta la relazione interiore tra la tensione del desiderio e il soprannaturale nel contempo imprescindibile e inaccessibile: *absolument impossible* da procurarsi con le proprie forze, e nello stesso tempo *nécessarie*, offerto da Altro da sé, secondo la logica del dono. Sarebbe arrivato, poi, il momento in cui scegliere se accoglierlo, elevandosi alla trascendenza, ponendosi nella condizione di dirigersi verso il proprio fine, o rifiutarlo.

Le sue convinzioni, forsanche per l'oscurità con cui si presentava il suo argomentare[8], non fecero grande breccia tra i suoi interlocutori. Egli si poneva criticamente, ne individuava debolezze e intravedeva infauste conseguenze per ciascuno dei due sistemi, mosso dall'intenzione di salvare una possibile intesa tra filosofi e teologi. Ma ai primi, ponendogli la prova della realtà del trascendente e la necessità del soprannaturale pareva troppo confessionale; agli altri, investiti dall'idea di un cristianesimo condiscendente, così compatibile con i bisogni della natura umana da farlo diventare una filosofia immanente allo spirito umano e non più una religione divina, parve un pericoloso naturalista. C'era chi si sforzava di riconoscere la bontà dell'impresa, ma prevalse il sospetto che lo avrebbe relegato teoricamente *in*

---

[8] Dal resoconto di JOANNÈS WEHRLÉ della discussione della tesi di dottorato sotto la guida di Émile Boutroux, pubblicato negli *Annales de philosophie chrétienne*, maggio 1907, 113-143: «Mercoledì 7 giugno 1893, Maurice Blondel discuteva in Sorbona la tesi di dottorato. La tesi francese, sola in causa qui, portava come titolo: "L'azione, saggio di una critica della vita e di una scienza della pratica". La discussione di cui essa fu oggetto, cominciata alle ore tre, non ebbe fine che alle sette e un quarto di sera». È esplicativo il giudizio di Paul Alexandre René Janet, professore di filosofia morale alla Sorbona: «Il vostro pensiero è oscuro, il vostro modo di scrivere l'oscura ancora», cf. II Appendice, in MAURICE BLONDEL, *Storia e dogma*, Vallecchi Editore, Firenze 1922, 239.

partibus infidelium. Avrà forse inquietato l'uso dell'epistemologia kantiana necessaria a elaborare la sua apologetica dell'immanenza (contaminazioni di genere per entrambi i fronti difficilmente sostenibile). Ma la sostanza era diversa avendo posto l'infinito nel provvisorio, e indicato l'inquietudine del desiderio mossa dal soprannaturale. Sosteneva convintamente che gli individui di ogni tempo sono sempre destinatari della *locutio Dei*, legittimati a integrarsi e a integrare il proprio pensiero con quello divino, senza che questo dinamismo si trasformi in confusione. La Rivelazione viene da fuori, ma non potrebbe agire all'interno senza una corrispondenza che in qualche modo la umanizzi, favorendo le condizioni dell'apertura del soggetto.

Per questo viene accusato di assimilare il dato soprannaturale all'esigenza della realtà naturale da chi perseguiva un'assoluta separazione tra natura e soprannatura e tra agire e pensare, *estrinsecismo*, a scapito di gettare la condizione umana nella desolazione. Eppure, egli si stava battendo contro la logica del determinismo naturalista, per tutelare l'indispensabilità di quel dono di grazia, iniziativa gratuita e inalienabile di Dio, che rende capaci responsabilmente – e non fondandosi esclusivamente sui dati oggettivi di una ragione pura opposta a quella pratica nel solco della distinzione kantiana – a ricevere e assimilare il dato soprannaturale[9]. L'o-

---

[9] Per gli sviluppi di questa proposta critica sarà decisivo l'apporto di PIERRE ROUSSELOT, «Les yeux de la foi», in *Recherches de Science Religieuse*, I (1910), 241-259; 444-475. Si assesta, per quanto ancora avversato, il rifiuto del dualismo tra fede naturale e soprannaturale: è la luce della fede che illuminando unisce i segni al riconoscimento dell'azione di Dio, che è possibile in forza dell'orientamento soprannaturale della volontà. L'atto di fede è ragionevole, e i segni della rivelazione possono essere letti induttivamente, recuperando la conoscenza connaturale, per *modum naturae*, di san Tommaso. Molti i nomi di questa discendenza: de Guibert, Lebreton, de Grandmaison, Moroux.

rizzonte fissato mostra la centralità della questione del fine dell'agire umano e della funzione conoscitiva dell'azione; del destino creaturale nel punto di tensione e qualificazione ineluttabile, che è la mediazione necessaria del Figlio incarnato, il mistero dell'uomo-Dio e della sua coscienza, per la vita e la conoscenza intellettuale e morale, quindi, mai considerata fuori dalle sue ragioni pratiche. E si ritorna per altra prospettiva al caso serio degli storicisti. Nei suoi studi si era applicato a superare il dualismo e a cercare una conciliazione tra la necessità scientifica e la libertà morale, fissata nella sua filosofia dell'azione, indicando i fatti, la storia esplicitazione dell'attività volitiva, nel fondamento unitivo di analisi e sintesi, di conoscenza positiva e certezza morale, di scienza e metafisica. Agli storicisti contestava un'analisi critica senza nulla concedere al soprannaturale: filologia e critica testuale, coi loro annessi, come unici strumenti per validare scientificamente, lambivano la contraddizione, portandosi sul piano paradossale di una metafisica del reale.

E si poteva rimanere prigionieri della secca alternativa tra una storia senza fede e una fede senza storia?

Chi si opponeva a lui, da parte cattolica, forse offuscato dalla superficiale valutazione del principio d'immanenza, lo accusava di soggettivismo, fenomenismo e naturalismo, con l'esaltazione della volontà sopra l'intelletto, e di relativizzare la verità facendola dipendere non dall'intelletto ma dalla volubilità umana di ogni tempo, incline a condurre più facilmente all'errore. Nonostante le accuse e i sospetti non declinò l'esigenza di contrastare l'epistemologia neotomista che, per il fatto di ritenere l'intelletto fondamento della volontà, nel salvaguardare la possibile perfezione del soggetto, finiva per esasperare l'astrazione, relegandolo a mente senza carne, nella strumentalità della storia[10].

---

[10] Per quanto successive al periodo in cui si elaborano le convinzioni

La nozione di immanenza per quanto fosse considerata propria della filosofia moderna, esprimeva una verità che non poteva essere misconosciuta, offrendo una possibile soluzione al conflitto tra filosofia moderna, che considerava l'immanenza come la condizione stessa della filosofia, e le esigenze del soprannaturale, che, però, non si sarebbe dovuto intendere solo come trascendente secondo il senso metafisico della parola:

> Come porre il problema filosofico davanti alla religione, perché la religione non sia solo una filosofia, e la filosofia non si annulli affatto nella religione...Se fra le idee regnanti [della filosofia moderna] vi è un risultato cui esso si lega come a un progresso sicuro, è all'idea, giustissima nella sua essenza, che niente possa entrare nell'uomo che non esca da lui e non corrisponda in qualche modo a un bisogno di espansione[11].

Se si possono supporre delle verità e una relazione con quel che ci supera, ritenendole immanenti, in quanto provenienti dalle nostre profondità senza averle tratte da noi stessi, e nello stesso tempo propriamente soprannaturali, il conflitto si sarebbe potuto sciogliere. Vivere non è solo fare e dare, è anche ricevere. E in questa prospettiva sarebbe stata tutelata la dignità del credere e del pensare, così da favorire

> La coesistenza di una religione che non sia una semplice costruzione umana, con una filosofia che non abdichi o non si perda nell'ineffabile[12].

---

contenute in *Histoire et dogme*, per una testimonianza delle critiche al pensiero di Blondel, cf. Guido Mattiussi, *Il veleno kanziano. Nuova e antica critica della ragione. Immanenza. Filosofia dell'azione*, Tipografia Artigianelli, Monza 1907; Joseph de Tonquédec, *Immanence. Essai critique sur la doctrine de Maurice Blondel*, Beauchesne, Parigi 1913.

[11] Maurice Blondel, *Lettera sull'apologetica*, 66-67.
[12] *Ivi*, 72.

PARTE II: STORIA E DOGMA

CAP. I

Il Problema

Il sottotitolo di questa piccola opera ne precisa solo parzialmente l'ambito. Indicando la necessità di rispondere alle *lacune filosofiche dell'esegesi moderna*, farebbe apparire Loisy come *il* bersaglio di una puntata polemica. In realtà, in *Histoire et dogme* possiamo leggere la sofferente riflessione di un filosofo che sfida la cultura del suo tempo, laica e religiosa.

Di fronte a lui ci sono, come abbiamo visto, due approcci, lo storicismo e l'estrinsecismo, a suo parere «due soluzioni diversamente, ma ugualmente pericolose per la fede»[1], e inadeguate a salvaguardare la storia come scienza positiva, distinguendo senso religioso e senso storico degli avvenimenti, contesa com'è tra chi vuole tutelarne la traccia pesante e chi la strumentalizza, tra chi pare ossessionato dalle 'prove' e chi ne trascura la rilevanza trascolorandola. A questo si aggiunge il ripensamento della fede, stretta nello schema che la comprende come adesione intellettuale al vero, mentre la si dovrebbe indicare come relazione. Tutto è posto come problema aperto di fronte alla verifica della verità del cristianesimo, tra astrazione (pericolo insito nella storiografia quanto

---

[1] *Storia e dogma*, 46.

nell'apologetica) e realtà. Quel che è chiaro e determinerà la ricerca di una mediazione è che non ci si potrebbe compiacere o consolare tramite un'idea cavata da vicende isolatamente analizzate, né con l'interpretazione frammentaria dei momenti successivi della storia, ma si dovrà tener conto della «visione e valutazione dell'insieme, nelle realtà concrete, nella persona del Cristo e nella Chiesa che la continua»[2].

Il nodo che stringe il contendere è rappresentato dal rapporto tra storia e dogma, che Blondel affronta con la mediazione della realtà della Tradizione, auspicata come «benefica soluzione»[3]. Diversamente da come veniva considerata e strattonata nelle dure polemiche, essa non potrebbe coincidere in maniera esclusiva con le 'formule' di un corpo dottrinale, e viene proposta come vitalità spirituale, parte integrante l'insieme documentale (Scrittura, Dogma, Dottrina), sua ermeneutica vitale propositiva, dinamica e dinamizzante, trama sacramentale della fede in opera, e per questo fonte efficace di conoscenza storica.

Fin qui abbiamo potuto seguire gli avvenimenti che dispongono le questioni, entrare in scena, conoscere qualcosa della biografia culturale e religiosa di un'epoca inquieta, e scoprire tracce della lunga strada che precede e segue, che ora riprendiamo dentro lo schema di *Storia e dogma*.

Questa la sequenza: inquadramento del problema; le soluzioni, considerate incomplete e incompatibili (estrinsecismo e storicismo); la mediazione e sintesi della Tradizione.

Sin da subito si pone il problema del metodo per le scienze bibliche e storiche e del collegamento con i presupposti filosofici e le dichiarazioni dottrinali. Benché l'esegesi non

---

[2] *Ivi*, 70.
[3] *Ivi*, 46.

appartenesse alle competenze di Blondel, l'epistemologia, cioè lo studio critico dell'ambito della conoscenza scientifica, delle strutture logiche e della metodologia, entrava negli obiettivi di una sua ricerca sui principi della logica della vita morale. Testimonianza ne è lo studio pubblicato nel 1903 (*Principe élémentaire d'une logique de la vie morale*[4]), avviato nell'impulso di una domanda di Leibniz, risolta nell'indagine delle condizioni di possibilità insite nei fatti, e delle disposizioni dell'agire, ritenendo applicabile alla prassi la logica propria del pensiero, per una logica concreta, della vita. Siamo davanti a una variazione di quanto già messo a punto nella sua filosofia dell'*Azione*, sintesi delle apprensioni del conoscere, del volere e dell'essere:

> L'azione è questa sintesi del volere, del conoscere e dell'essere, questo legame del composto umano che non si può spezzare senza distruggere ciò che è separato. Essa è il punto preciso in cui convergono il mondo del pensiero, quello morale e il mondo della scienza; se questi non si uniscono tutto è perduto. Se pensare è volere non è essere, se l'essere non è né pensare né volere, che razza di incubo è?[5]

Rimanendo dentro questo quadro teorico, fin da subito deve essere noto che l'azione patirebbe il «perimetro della vita individuale», naturalmente disposta com'è alla «germinazione», a compiersi nella relazione, perché

---

[4] MAURICE BLONDEL, «Principe élémentaire d'une logique de la vie morale», in *Les premiers écrits de Maurice Blondel*, PUF (Bibliothèque de philosophie contemporaine), Parigi 1956, 123-147; trad. it., Id., *Principio di una logica della vita morale*, Guida Editore, Napoli 1969.

[5] MAURICE BLONDEL, *L'Azione. Saggio di una critica della vita e di una scienza della prassi*, Edizioni San Paolo Milano, 1993, 114; «In noi, né il pensiero è il vero senza la vita, né la vita è vera vita senza il pensiero», Id., *Principio di una logica della vita morale*, 14.

non c'è atto, per quanto intimo che non faccia appello al di fuori dell'individuo a una specie di assenso e di collaborazione[6].

Ecco dunque le coordinate che fissano il suo sguardo sul dilemma che intende sciogliere.

Quello che, che nel suo insorgere, Maritain aveva considerato un «raffreddore da fieno»[7], presto assorbito dal corpo sano della Chiesa, risultava, invece, una crisi profonda che ha coperto un vasto periodo (1893-1914), dove la questione biblica fu protagonista intorno al caso Loisy, lasciando ferite e non estinguendo il fuoco sotto la cenere dei postumi.

Imprescindibile sarà tenere presente l'urgenza di evitare la contrapposizione tra pensiero e vita, e considerare la vicenda umana come in tensione aperta. Un'apertura che viene dall'esistenza che aspira a certezze che suggellino il valore del vivere e ne fondino le ragioni, mentre le vicende quotidiane sono segnate dalla vulnerabilità che incrina le certezze. Da una parte si insalda la ricerca della verità, dall'altra si scatenano diffidenze, divaricando intelletto e volontà, che invece devono estendersi l'uno all'altra. Ulteriore apertura sarà quella verso la relazione con gli altri e coi tempi. Si, qui si affaccia il punto prospettico: comune, integrale, relazionale. La fede è fede di popolo, di comunità; le tradizioni uniscono i tempi, e la ricostruzione della genealogia di trasmissione dottrinale e di esperienza di fede non potrebbe che darsi integrale, senza ammettere vuoti.

Come vede il problema?

Ci sono due esigenze, entrambe cattoliche: quella dettata dalle occorrenze scientifiche applicate allo studio della

---

[6] Cf. *L'Azione*, 299 e 418.
[7] Cf. JACQUES MARITAIN, *Le paysan de la Garonne*, Desclée de Brouwer, Parigi 1966, 16.

storia, e quella della Chiesa che propone, a partire dai fatti della storia, delle verità a cui credere. Sopra di loro c'è una questione biforcata, che oppone le esigenze imprimendo come necessità ineludibile la soppressione di una a vantaggio dell'altra. Il problema segue, dunque, due direzioni - «due intervalli oscuri»[8] - che evidenziano due lacunose attitudini incompatibili: la prima è che le vicende che stanno alla base delle fede secolare cristiana non sono le sole ad averla generata, e non basterebbero a giustificarla; la seconda insiste sulla dottrina ecclesiale che garantisce quelle vicende estraendone un'interpretazione espressa in formule e documenti, essi stessi motivo di fede storicamente fondata, ma irrilevante per lo storico. Gli storici, allora, si comportano come se il dogma dipendesse dalla storia, mentre, all'opposto, si trova chi pensa la storia come dipendente dal dogma[9]. Alcuni fanno discendere tutto dai testi, altri dai fatti, e Blondel applica a questo dissidio la risolutiva convinzione che il pensiero nulla sarebbe senza la vita, e che la vita non potrebbe inverarsi senza il pensiero. E procede in cerca di una sintesi tra storia e dogma, di «un principio di spiegazione e di movimento che renda conto di questo passaggio», di andata e ritorno, dai fatti alla fede, che è ben di più di quanto possa comunicarsi da essi a un testimone, e dalla fede ad

> affermazioni veramente obiettive e a realtà che costituiscono una Storia Santa inserita nel cuore della storia comune e incarnante le idee nei fatti[10].

---

[8] Cf. *Storia e dogma*, 43.
[9] «Se i fatti cristiani (storia) e le credenze cristiane (dogmi) coincidessero alla luce di un'esperienza diretta o di una evidenza completa; se almeno non si dovesse che *credere* ciò che altri hanno *visto* e constatato, non vi sarebbe affatto spazio per la nostra difficoltà», *Ivi*, 42.
[10] *Ivi*, 43.

Ecco perché il problema si appunta sull'esegesi. Essa ha già nel suo etimo la spiegazione: *exéghēsis*, dal verbo *ex-egheomai*, tirar fuori, prospettando un *passaggio*. Il significato che si estrae del testo biblico, che nella sua chiarezza può presentare oscurità da dissolvere, emerge da un movimento, da uno scavo nelle parole e nelle vicende narrate. Sin dai primi secoli dell'era cristiana l'interpretazione della Scrittura seguiva il doppio movimento, discensionale, figurando l'incarnazione, e ascensionale che era il risultato dell'assunzione dell'umanità e della storia in Dio, replicato nel rapporto con la Parola di Dio, che mentre veniva compresa nella fede, nutriva compenetrandosi nella vita del lettore-ascoltatore. Si delineava una *sacramentalità* della Parola che aveva come effetto, tramite la ricerca dei suoi significati, di unirsi e unire salvaguardando la differenza: la lettera-corpo e lo spirito-anima, le storie narrate e la storia del lettore, redento nella promessa. Tra le tante testimonianze c'è il celebre passaggio origeniano:

> La narrazione dei fatti secondo la storia è come il corpo delle Scritture, mentre il senso spirituale, e la stessa intima verità delle Scritture, è come l'anima e lo spirito che inabita le semplici narrazioni secondo la storia[11].

L'esegesi cristiana, quindi, deve misurarsi sempre con la prima verità ermeneutica che è la fede nel Logos di Dio incorporato nella Scrittura. Per Blondel, sulla scia dell'antica Tradizione che vede il principio dell'incorporporazione come dirimente per una lettura credente della Bibbia, il significato deve essere inseguito, *muovendosi* tra storia e verità-dogma, come tra corpo e spirito, nella continua

---

[11] ORIGENE, *Commento a Matteo*, Series 27, 45, *Opere di Origene* XI/5, Città Nuova, Roma 2004, 194.

tensione unitiva, anche tra metodi diversi. Il valore che gli esegeti assegnano al significato riguarda sia gli storici che coloro che vi impegnano la fede. La modalità, con cui garantiscono la veridicità dei fatti narrati, obbedisce a criteri che possono opporsi se arrestano il movimento, sospeso a quanto ritengono soddisfi *soltanto* il proprio metodo: l'autoreferenzialità dissemina errori. Si può, invece, rispettare l'indipendenza dei due approcci dimostrando la loro connessione, così da non inchiodarsi all'inesorabilità dell'alternativa, *o* la storia *o* il dogma, patendone l'insufficienza.

Ci attende ora di seguire come vengono presentate le due «mentalità cattoliche». Esse sono considerate «incomplete e incompatibili», ma non sono inchiodate a un giudizio, bensì messe di fronte alla loro insufficienza con l'intento di completarle, e nel pur evidente contrasto, di mostrare le loro affinità:

> Poiché né i fatti né le idee bastano da sole alla fede, sarà ai fatti, o sarà alle idee, oppure né agli uni né alle altre, che si chiederà di fornire l'elemento capace di operarne la sintesi? Per conoscere ciò che la storia può e deve fornire al dogma, ciò che il dogma può e deve fornire alla storia, sembra in realtà necessario domandarsi: su quale terreno comune avviene lo scambio dall'uno all'altro, e come si realizzano tra loro i contatti utili?
> A queste domande che sembrano elementari, incontriamo nelle discussioni recenti poche risposte metodicamente elaborate...Quindi per esaminarle utilmente occorre qui estrarle dalle soluzioni più o meno composite cui sono mescolate. Non ho quindi in mente nessuno: isolo delle tesi astratte, per presentarle con il rigore che esse non offrono[12].

---

[12] *Storia e dogma*, 45.

«Non ho in mente nessuno», eppure, due nomi emergono dal silenzio del loro critico, Gayraud e Loisy, rispettivamente portabandiere delle «tesi astratte», l'*estrinsecismo* e lo *storicismo*,

> neologismi barbari, che però serviranno a fissare l'attenzione e a mettere in rilievo il carattere esclusivo di ciascuna tesi[13].

---

[13] *Ivi*, 46.

CAP. II

L'estrinsecismo

Di fronte ai risultati venuti dal metodo critico applicato allo studio della Bibbia, era emerso il desiderio di rinnovamento, cercando un accordo tra la critica storica e la fede cattolica. Vi era un modo tradizionale di leggere la Scrittura che arrivava a conclusioni ritenute inadeguate a reggere l'urto soprattutto degli studi sull'Antico Testamento. Stava emergendo l'esigenza di libertà di ricerca critica, nella convinzione che non compromettesse le esigenze della fede. Non bastava insistere, ovviando il problema, che gli autori biblici non dovendo impartire un insegnamento scientifico, fossero esonerati, come terra sacralmente intangibile, dall'essere sottoposti all'indagine critica. Il rischio temuto era attentare all'insegnamento tradizionale sull'ispirazione e l'inerranza bibliche, fondato sul principio di ispirazione totale, senza distinguere singoli avvenimenti, idee e parole. Quest'ultime erano estratte e trattate come porzioni intangibili, emanazioni immediate della verità. Il punto sospeso ben si rappresenta con quanto Loisy trascrive nelle *Mémoires*, riprendendo le premesse dei suoi studi: si sarebbe trattato di valutare, non già se la Bibbia contiene la verità, ma quale verità si debba cercare; non domandare se la Bibbia contiene degli errori, bensì scoprire ciò che essa contiene di verità[1]. L'azione soprannaturale che anima persone e storie, veniva distinta dalla Rivelazione, ridotta a insieme di dottrine. Nessuna importanza avrebbero avuto il contesto e l'intenzione dell'autore sacro e la sinergia determinatasi tra natura, cultura, biografia individuale e collettiva, destinatarie dell'atto libero con cui Dio comunica il suo mistero e offre il suo dono di grazia. Con tali convinzioni si sarebbe messo in pericolo il rapporto fra storia e dogma, consentendo alla critica storica un'autonomia non condizionata. E il danno si sarebbe diffuso rapidamente, se non si fosse isolato e delegittimato il gruppo dei sostenitori dell'evoluzione del dogma, che sulle letture di Newman, distingueva tra espressione intellettuale delle formule di fede e suo proprio oggetto. Ed è su questi punti che vengono a contrapporsi la corrente critico-storica, con forti accenti antintellettualistici, e gli *scolastici*. Ai più intransigenti tra questi viene rivolta la domanda: come trattare la realtà soprannaturale espressa dal dogma, dove e come trovarla senza distinguere fra valore vincolante per la vita e valore limitato al pensiero che lo formula?

A Blondel pare chiaro che gli estrinsecisti non potrebbero sciogliere il dilemma se s'impuntano sull'irrilevanza dei fatti nella loro realtà, finendo per negare valore alla storia. E se si compiacciono di distinguere fra genesi della fede, che annovera fra le sue cause l'azione soprannaturale, e genesi della sua certezza da cui sarebbe estromessa la grazia. Il buon apologista, secondo loro, deve rivolgersi

---

[1] ALFRED LOISY, *Mémoires pour servir à l'histoire religieuse de notre temps*, I, Emile Nourry, Parigi 1930-1931, 260. Secondo Loisy doveva essere interesse della Chiesa esigere che «se non si dovesse scandalizzare l'ignoranza, doveva non meno imperiosamente reclamare di non scandalizzare l'intelligenza e la scienza», *Ivi*, II, 72.

alla ragione e dimostrare offrendo ragioni. Fatti e fede si divaricano nel modo in cui viene, ad esempio, affrontato il miracolo. Esso mentre è narrato come avvenimento che incide sulla vita di una persona e di una comunità, viene ridotto a semplice segno. Nell'astrazione di quanto è accaduto è retrocesso a mero accidente,

> quello che si è considerato nei fatti non sono i fatti in quanto tali, il loro contenuto originale, la loro relazione reale con l'ambiente in cui sono comparsi, il loro posto nella successione storica; è un carattere accidentale *estrinseco* e generico[2].

Il miracolo è astratto dai fatti, trapassa nel concetto, strappando le radici dalla realtà in cui è accaduto. Diventa, così, una nozione da sottoporre alla ragione secondo i suoi principi assoluti. Si afferma in questo modo l'esteriorità, *estrinsecità* assoluta del soprannaturale, che si mostra nel miracoloso.

> Il miracoloso sarà fornito dalla percezione dei sensi; il divino sarà mostrato dal lavoro razionale; il soprannaturale verrà definito dai dati della Rivelazione autenticati dal miracoloso divino. Ma questi elementi restano esterni gli uni agli altri e sono collegati per noi soltanto da un ragionamento[3].

Questa deduzione applicata all'esegesi garantirebbe, a partire dai fatti miracolosi, l'ispirazione divina di tutta la Bibbia, che nella valutazione critica blondelliana non viene messa in dubbio. Quello per cui non intende piegarsi è assecondare, che per l'attenzione rivolta all'unica cosa ritenuta importante, la carne della storia si dissolva, ridotta com'è alla sua ombra funzionale. Per cui

---

[2] *Storia e dogma*, 47.
[3] *Ivi*, 49, nota 5.

L'importante è stabilire *che* Dio ha agito e parlato, non di esaminare *ciò* che ha detto e fatto attraverso strumenti umani[4].

Ma che ne sarebbe di tutte quelle pagine della Scrittura in cui il cuore si scalda per l'incidenza della visita di Dio nella vita? Dai grandi episodi che, quasi architravi narrativi, reggono la volta immensa della storia della salvezza, fino alle storie come quella di Giuseppe, prima mercanteggiato dai suoi fratelli, e che dopo si commuove vedendoli in Egitto, riconciliandoli nel suo abbraccio (*Genesi* 37-45); e poi, Noemi che permette a Rut di fare la spigolatrice di orzo nel campo di Boaz mettendo vita nella verità dell'ammonimento che confortò finanche i discepoli di Gesù: *quando mieterete la messe della vostra terra, non mieterete fino al margine del campo e non raccoglierai ciò che resta da spigolare del tuo raccolto; lo lascerai per il povero e per il forestiero* (*Levitico* 23, 22; *Matteo* 12, 1); i corvi di Elia (*1Re* 17, 2-6); il mandorlo fiorito di Geremia (1, 11); Il ricino per Giona (4, 5-8); l'*effatà* che rivela il Dio che tocca senza riserva di immunità (*Marco* 7, 31-37); la guarigione del lebbroso (*Matteo* 8, 1-4); il lembo del mantello di Gesù per l'emorroissa (*Matteo* 9, 20-22); la moltiplicazione dei pani (*Matteo* 14, 13-21); la chiamata di Zaccheo (*Luca* 19, 1-10); il vino di Cana (*Giovanni* 2, 1-11); la Resurrezione di Lazzaro (*Giovanni* 11, 1-44): questi *fatti*, tra gli altri, ridotti a esemplificazioni di una teodicea onnipresente, senza più consistenza, colore, sapore, emozione, età, «svanirebbero in una luce priva d'ombra, si cancellerebbero sotto il peso dell'assoluto da cui sono schiacciati»[5].

---

[4] *Ivi*, 51.
[5] *Ivi*, 51-52.

La Bibbia è dunque garantita in blocco, il suo contenuto non ha bisogno d'essere verificato, la «storia storica» è solo il fondale di una gloria che può brillare unicamente nella sua «purezza astratta» che «esclude ogni docilità sperimentale e ogni elasticità d'interpretazione... valendosi di distinzioni strappate anch'esse dalla forza delle cose»[6]. Se dalla Scrittura promana la scienza assoluta, fissata poi nell'eterna verità custodita dalla Chiesa, che importanza potrebbe avere immergersi nelle condizioni umane che quella verità raccontano come esperienza di vita? Si vorrebbe insegnare a credere come si insegna, «con gli occhi bendati», impedendosi, in nome di un Dio confinato nell'astrattezza, asservito alle pretese dell'*ideologia dogmatica*, di ritrovarlo «nei fatti autenticamente umani»[7]. Eccoci al punto. Riemerge la questione che non affrontata nella chiarezza delle sue drammatiche conseguenze, minaccia ancora, non solo la riflessione cristiana, ma pure la fede. Sul corpo, sulla vita, sulla storia si combatte la guerra iniziata sull'umanità di Gesù[8]. Divinità e umanità per taluni, da sempre, non possono essere compatibili: l'una avrebbe dovuto, per trionfare, sottomettere

---

[6] *Ivi*, 52.
[7] *Ibidem*.
[8] La minaccia mira al cuore della relazione con Dio. Combattere il corpo è indebolire il valore della mediazione: «la relazione con Dio deve operare il passaggio attraverso la pesante e spesso opaca mediazione corporea, poiché è a questa condizione (condizione necessaria, ma evidentemente non sufficiente) che si lascia Dio essere veramente Dio. Tutto ciò richiede che noi apprendiamo a considerare la mediazione, a cominciare da quella del corpo, non come un ostacolo alla verità, ma come il luogo o l'ambiente in cui avviene la verità del nostro rapporto con Dio. Vi è qui una profonda conversione da operare; e non soltanto intellettuale», Louis-Marie Chauvet, *Della mediazione. Quattro studi di sacramentaria fondamentale*, Cittadella Editrice- Pontificio Ateneo S'Anselmo, Assisi-Roma 2006, 67.

l'altra. Fissato il dogma della divino-umanità del Figlio di Dio, osteggiato dagli *intellettualistici* seguaci del docetismo gnostico, la diffidenza si è puntata sulla storia, com'era avvenuto per la Scrittura, mettendo contro lettera e spirito. Il problema qui è posto nei riguardi dell'esegesi prospettando la questione più grande, la dignità e il valore dei *fatti* nell'economia divina, il senso aperto, inclusivo, sinergico, della Rivelazione come appello divino che incorpora l'umanità e non se ne stacca più.

Sarebbe solo un'illusione considerare il valore assoluto e l'ispirazione complessiva della Bibbia come verità da credere e da dimostrare, se si fosse spezzata l'unità del principio, solo in apparenza paradossale, che il tutto è più della somma delle parti ed è meno della somma delle parti. La ricaduta di questa avvertenza è da considerare anche come dispositivo metodologico che chiama a soccorso la pluralità di approcci e considera il singolo metodo come aperto e interagente[9].

---

[9] Cf. FRANCESCO, *Evangelii gaudium*, «il tutto è più delle parti, ed è anche più della loro semplice somma», 235; ID., *Laudato sii*, 141; ID., *Videomessaggio al Congresso Internazionale di Teologia presso la Pontificia Università di Buenos Aires*, (1-3 settembre 2015): «La cattolicità» si esprime e realizza attraverso una «polarità tensionale tra il particolare e l'universale, tra l'uno e il multiplo, tra il semplice e il complesso». L'ammonimento a non farsi ossessionare dai particolari perdendo la visione d'insieme come «confluenza di tutte le parzialità che mantengono la loro originalità» (ID., *Evangelii gaudium* 36; *Veritatis Gaudium* 4d), e a perseguire la tensione a un bene più grande, secondo il principio d'interazione, implica l'assunzione preferenziale della *complessità* rispetto alla semplificazione emarginante e riduzionista. Per cui, all'affermazione che il tutto sia più della somma delle parti dovrà integrarsi la convinzione che il tutto sia anche meno della somma delle parti. A questo proposito è stimolante la proposta di EDGAR MORIN, *Introduzione al pensiero complesso. Gli strumenti per affrontare la sfida della complessità*, Sperling&Kupfer, Milano 1993. Per Morin gli «occhi bendati» conducono alla «cecità» quando, seguendo il metodo delle scienze classiche, nell'esigenza di totalità, si procede sempli-

Incombeva un pericolo – le scoperte dell'archeologia e l'applicazione della filologia al testo sacro -, ritenuto insignificante di fronte al «blocco» della Scrittura, stimato invincibile, così come il «torrione dommatico». Il delicato frangente, però, fu capovolto a vantaggio della *propria inerranza*, presumendo che qualche dettaglio fuori posto, e alcune macchie e crepe sulla coerenza del sistema potessero essere trattate a prova della «miopia di alcuni eruditi», e non della vulnerabilità del sistema. Se la storia e le storie non bastano al dogma, né i fatti alla fede, la loro inconsistenza demolisce il realismo su cui si fonda la Rivelazione cristiana, per cui non c'è interezza che regga senza che le somme superiori alle parti riscattino la verità nel frammento. Soccorre ancora l'antica sapienza dei Padri, che proprio a contatto con la Scrittura avevano appreso a *filtrare* la potenza (*ergatikòn*) veritativa dei frammenti, da rinvenire fino allo *yod*, la più piccola lettera dell'alfabeto ebraico, da custodire nella coerenza dell'insieme,

> Filtra la parola di Dio, chi non trascura neppure *il più piccolo comandamento*, anzi quando nell'esercizio della sua comprensione non appare irrilevante neppure *uno iota o un apice* [cf. *Matteo* 5, 19. 18] della Parola di Dio[10].

---

ficando per separazione e riduzione, non riuscendo a rendere conto della ricchezza della realtà. La ricaduta ha effetti per la riflessione sulla ragione che «corrisponde a una volontà di visione coerente dei fenomeni, delle cose e dell'universo» (69). La ragione appare contesa tra due esiti: da un lato, la *razionalità* che «è il gioco, è il dialogo incessante tra la nostra mente che crea delle strutture logiche applicate al mondo, e questo mondo reale» e che «non ha mai la pretesa di esaurire in un sistema logico la totalità del reale» (69-70); e dall'altro, la *razionalizzazione* che mostra il suo andamento patologico «nel voler rinchiudere la realtà in un sistema coerente», cosicché «tutto ciò che, nella realtà, contraddice quel sistema coerente viene scartato, dimenticato, messo da parte, visto come illusione o apparenza» (70). Ed è qui che si diventa «ciechi».

[10] ORIGENE, *Omelie sui Numeri* XXVII, 12, «Sources Chrétiennes»

Ed è sul frammento che s'incrina il precario equilibrio della supponenza totalizzante che trascura «di analizzare le ragioni più capaci di radicare la fede nelle anime», preferendo

> attenersi ad argomentazioni così puramente formali che coloro che se ne fidassero troppo esclusivamente rischierebbero di veder cadere questa verniciatura al primo colpo[11].

Blondel avverte la gravità della congiuntura, e questo spiega l'accalorato eloquio. Teme che di fronte a quelli che «cercano troppa luce solo in essi», osteggiare con l'arma dell'ideologia inspessisca i muri, riducendo le apologetiche (teologica e storicista) a un dialogo tra sordi, «aggravando il male con il rimedio»[12]. Che insensatezza sarebbe attardarsi, se è giunto, ormai, il tempo in cui il velo della *ragion sufficiente* dovrà essere sollevato, dimostrando l'avventatezza di chi inchiodato alla propria autoreferenzialità, ostinato nell'intransigenza, gli occhi chiusi di chi non vuol guardare, non coglie l'inadeguatezza del proprio sistema di fronte alle istanze scientifiche e, per eterogenesi dei fini, scandalizza contraddicendo quanto professa:

> Il giorno in cui, grazie alle scoperte dell'archeologia e della filologia, la risurrezione di un passato, fino ad allora definito piuttosto dalle esigenze dell'ideologia che

---

461, Du Cerf, Parigi 2001, 332, linee 745-748. E ancora, richiamando il *Salmo* (12 (11), 7), «tutti *gli oracoli del Signore sono* oracoli *puri, argento passato nel fuoco,* provato dalla terra, *purificato sette volte*, e se è stato lo Spirito Santo a dettarli, con una precisa e scrupolosa combinazione, [...Noi dobbiamo credere che] l'ispirazione divina della Scrittura si profonde fino alla più piccola lettera. Ritenendo che è a questo proposito che il Salvatore dichiara: *Non un solo iota, non un solo segno della Legge svanirà, finché tutto sia compiuto* [*Matteo* 5, 18]», ID., *Filocalia* II, 4, «Sources Chrétiennes» 302, Du Cerf, Parigi, 1983, 244 e 246, linee 1-9.

[11] *Storia e dogma*, 53, nota 7.
[12] *Ivi*, 54.

L'ESTRINSECISMO

da metodi positivi di osservazione, ha opposto alle deduzioni intransigenti delle smentite di fatto, non più su qualche particolare, ma, si può dire, su tutta una parte dell'insegnamento ordinario tratto dalla Bibbia, allora una crisi pericolosa diventava inevitabile: non trovando nella loro ideologia un principio interno di accordo e un criterio ermeneutico, gli uni, ancorati alla certezza, d'altronde fondata, della loro credenza, sono restati sistematicamente ostili a tutto ciò contraddice non dico soltanto la fede, ma la loro fede; gli altri vanno dolorosamente alla deriva senza sapere se incontreranno il porto o il naufragio, scandalizzati come sono quasi ugualmente dalla cecità di coloro che chiudono gli occhi sui fatti e dalla curiosità importuna e dalle affermazioni disorientanti di coloro che cercano troppo la luce solo in essi[13].

---

[13] *Ivi*, 53-54.

CAP. III

Lo storicismo

Considerato lo «scopo principale» della sua riflessione Blondel, domanda allo storico che si ritiene «puramente» storico quale atteggiamento dovrà assumere di fronte ai fatti cristiani. E interrogandosi se sia possibile imbastire un'apologetica fondata solo sulla storia, procede, ora, alla critica dello storicismo.

La sincera preoccupazione risiede nel dubbio se «il tessuto della storia critica» sia in grado di poter «sostenere il peso infinito dell'antica fede e tutta la ricchezza del dogma cattolico»[1]. Il dogma, questo l'assunto, non può essere trattato come se fosse una *mummia*, e non potrebbe essere compreso appieno senza il contributo della storia in cui si è formato e *vive*. Perché «se il soprannaturale è in qualche luogo, è nella realtà storica», che non potrebbe essere ridotta ad allegoria che renderebbe mera apparenza il reale, come accade

> Per aver cercato nei fatti non il loro essere reale, ma una ristretta ideologia; il dogma vivente in bende che lo fanno assomigliare a un morto; si è condannata la storia a diventare una allegoria cui si vorrebbe in seguito attribuire tutto il realismo della vita cristiana; ma a un chiodo dipinto su un muro si appenderà sempre soltanto una catena dipinta[2].

---
[1] *Ivi*, 57.
[2] *Ivi*, 55.

Si tratta di tutelare consistenza e dignità di entrambi, rintracciando il dogma *nella* storia:

> Troviamolo quindi dov'è, quale è, con una perfetta docilità, con una imperturbabile venerazione per ogni forma in cui gli è piaciuto umiliarsi: follia e scandalo forse per la falsa scienza, ma alimento di fede e di pietà vera per chiunque non metta le costruzioni compiacenti di un pensiero...al di sopra delle invenzioni sconcertanti e degli abbassamenti divini[3].

Risuona la voce grave dei combattenti dei primi secoli cristiani, contro chi tramite «insidie, lusinghe, carezze, prebende» intendeva *svuotare* il mistero[4]: umiliazione, follia, scandalo, abbassamento, costituiscono la trama dell'argomentazione nel rinvio esplicito al mistero di Cristo, nella combinazione di *1Corinzi* 1,17-31 e *Filippesi* 2, 5-11. Sul piano della fede il dogma dovrebbe essere ricevuto e compreso nella trasparenza kenotica, non potendo separare il Verbo dalla carne. E la sua rilevanza non dovrebbe essere espunta dal lavoro storiografico. Lo storico non cercherà il dogma nella sua formula astratta, ma rimanendo dentro l'intrigo generativo della vita, esplorando «la storia e la storia soltanto anche nel dogma», cosicché

---

[3] *Ivi*, 54-55.

[4] Cf. ILARIO DI POITIERS: «un persecutore ingannevole, un nemico che lusinga, non percuote il dorso ma accarezza il ventre, non ci confisca i beni per la vita ma ci arricchisce per la morte, non ci sospinge col carcere verso la libertà ma ci riempie di incarichi nella sua reggia per la servitù, non spossa i nostri fianchi ma si impadronisce del cuore, non taglia la testa con la spada ma uccide l'anima con l'oro...lusinga per dominare, confessa il Cristo per rinnegarlo», *Contro L'imperatore Costanzo*, 5, Città Nuova Editrice, Roma 1997, 48. Siamo, nel contesto del IV secolo, di fronte a una pagina di smascheramento e confutazione dei 'compromessi' imperiali dopo il Concilio di Nicea, che minacciavano l'integrità della verità cristiana trascinandosi l'abiura silente di molti credenti.

la lettera teologica recuperi il suo spirito, riacquisti «vita, movimento, pienezza»[5]. E allora l'esegeta nel restituire i fatti a sé stessi, liberando il corpo divino delle Scritture dalle sue incrostazioni, renderà giustizia alla verità di Dio che è presente e agisce nel mondo. Il suo lavoro, per continuare a compierlo con fede, non dovrà ridursi ad «affiggere un modesto cartello d'invito e di garanzia alla porta del palazzo teologico», ma avvalendosi di tutta l'esperienza dell'umanità e delle informazioni storiche, potrà entrare «nel cuore stesso della fortezza», così da non dover trascurare la fede per essere scienziato, e non dover ripudiare la scienza per essere credente[6]. Nulla potrebbe esigere la resa dell'indipendenza dello storiografo, ma se, per la relazione che si stabilisce tra la scienza e la fede, vi fosse la determinazione che nel compiere la propria ricerca si stia svolgendo un'opera apologetica, il metodo applicato si espone alla verifica di quelle che a Blondel appaiono lacune filosofiche, cause di insufficienze e pericoli.

Il problema preliminare è che la validazione del carattere scientifico della ricerca e la sua legittima autonomia, debbano passare dal riconoscimento dei limiti della propria azione e, non potendo bastare a sé stessa, dal rapporto con le altre scienze. A questo proposito Blondel riconduce la questione al confronto con la filosofia aristotelica dove le scienze differiscono come generi separati, con principi propri e oggetti distinti. Ciascuna sovrana nel suo campo persegue i propri obiettivi e quando raggiunge le sue conclusioni, le altre scienze le accetteranno così come vengono presentate. In questo modo ognuna reca la sua porzione di vita reale e di verità assoluta, il suo frammento di onto-

---

[5] *Storia e dogma*, 55.
[6] Cf. *Ivi*, 55-56.

logia, e non sarebbe tenuta a niente di meno e a niente di più. Secondo questa linea l'autonomia è simile a quella di «musicisti, che senza vedersi e udirsi, suonano d'accordo le diverse parti di una sinfonia»[7]. Ma la scienza moderna procede in modo diverso, secondo un *unitario* e *solidale* processo conoscitivo dove ogni scienza comunica con le altre: «l'unità del problema della conoscenza» corrisponde all'esigenza dell'esistenza che non potrebbe essere posta «che in funzione dell'attività complessiva dello spirito e dei dati connessi delle varie scienze»[8]. Lo si verifica nel modo in cui l'algebra ha arricchito la geometria, la matematica la fisica. La differenza è custodita nei loro metodi, e dallo sguardo che pongono sui problemi, non tanto per risolvere, certamente prima per definire, per cui

> nessuna scienza particolare si dirà padrona assoluta nel suo campo; nessuna si mostrerà in conflitto irriducibile con la sua vicina, poiché nessuna offre qualcosa di definitivo[9].

Anche la scienza storica, allora, dovrà tener conto che non potrebbe avere l'ultima parola in nulla, e considerare onestamente quello che potrebbe e non può vedere.

Quello che vede è quanto l'umanità lascia cogliere, attraverso quanto manifesta. In questo c'è, però, anche tutto il lavorio interiore, frutto di di contatti con l'ambiente che la circonda, con la cultura in cui si forma ed esprime, con i valori e gli ideali che la indirizzano, nel riflesso di relazioni non tutte assimilabili a quanto già conosciuto o immediatamente riconoscibile, nella traccia di segrete ispirazioni ed effetti sfuggenti alla presa di una spiegazione completa e sufficiente. Come stare di fronte a un film che nel risultato

---

[7] *Ivi*, 59.
[8] *Ivi*, 60.
[9] *Ivi*, 61.

finale nasconde interventi di taglio e montaggio. Dunque ci sono evidenze e pieghe velate, la cui combinazione dovrebbe mitigare gli istinti della ragion sufficiente, indicando la complessità mai pienamente afferrabile, pur rimanendo sul piano di quanto è legato al risultato umano esperibile.

Quello che, dunque, sicuramente non vede e deve sapere che gli sfugge, è la realtà spirituale di cui i fenomeni storici non esauriscono l'azione intera. Nel compiere il suo lavoro lo storico, oltre la spiegazione deterministica più completa e intelligibile che possa offrire, abbandonando la pretesa di una neutralità impossibile, ha il dovere di lasciare la porta aperta, o di aprire il varco a quanto di spirituale, psicologico e morale è implicato fin nella più piccola azione, come gli anelli per una catena. E questo perché

> La storia reale è fatta di vita umana; e la vita umana è metafisica in atto[10].

Metafisica in atto, è un'espressione che raccoglie il lavoro comune, progressivo della storia, che senza fermarsi intercetta nel suo scorrere il passaggio dello Spirito che la impregna, epifania della libertà in tutte le sue declinazioni coerenti al bene che vi promana. Il tempo narra le sue parabole salvifiche che si depositano nelle parole di fede. L'unità dell'atto metafisico non sopprime le differenze che lo compongono. Cosa significa questo per uno storico? Indica l'esigenza di cogliere nel reale la consistenza dell'ideale, il tocco di una pluralità di registri, alternati tra azione e pensiero, che nessuna scienza da sola potrebbe eseguire. Per sua natura, la scienza, è astrazione, ma non poche volte corre il pericolo di trasformarsi in arroccamento, e in esclusivismo:

---

[10] *Ivi*, 63.

dal momento in cui questa astrazione pretendesse isolarsi come astrazione, dal momento in cui una scienza derivasse dalla sua indipendenza nelle proprie ricerche una specie di assolutezza, eleverebbe ingannevolmente un semplice metodo di lavoro a dottrina negativa e tirannica[11].

Talvolta le migliori intenzioni conducono a compiere errori. Come avviene quando per rimanere dentro i sicuri confini della competenza, ci si rinchiude nel proprio giardino circondati da mura. Ma la conoscenza si consolida nel conforto della reciprocità per esigenze totali che nessuno potrebbe perseguire da solo. La tenacia con cui si vorrebbe professare il culto dell'esperienza e delle idoneità specialistiche, sconfina in «astensione sistematica», che solo a parole rispetterebbe le altrui competenze, nei fatti le surrogherebbe, autorizzandosi arbitrarie esclusioni di temi e realtà. Invece, per esprimere legittimamente competenza sarebbe necessario «aprire porte e finestre verso orizzonti diversi dai propri», confessando la propria *incompletezza* come criterio di scientificità. Frequente si insinua l'evenienza che mentre si dovrebbe onestamente reintegrare nella storiografia l'interpretazione delle vicende esaminate, invece si «sostituisca surrettiziamente» la realtà con quanto interpretato, «il fatto all'attore, la testimonianza al testimone»[12]. La pretesa di far coincidere la storia critica con la storia reale salta l'abisso che le separa, assorbendolo nell'astrazione, e delinea, così, il profilo dello *storicismo*:

> "La storia tecnica e critica", in senso preciso e scientifico, non è "la storia reale", il sostituto della vita concreta dell'umanità, la verità storica tutta intera; e fra queste due storie, quella che è una scienza e quella che è una

---

[11] *Ivi*, 64.
[12] *Ivi*, 68.

vita, quella che precede da un metodo fenomenologico, e quella che tende a rappresentare una realtà sostanziale, resta un abisso da colmare.
Ora il pericolo che segnalo con il nome di *storicismo*, è questa sostituzione alternante della storia-realtà alla storia-scienza[13].

La sostituzione, inoltre, sopprime il respiro delle cose, in quanto i fenomeni sono solo una parziale manifestazione di quanto in profondità li innerva, soffocando, per brama deduttiva (anche qui come per l'estrinsecismo) la vita qual è la storia. Non basterebbe supporre di ricreare il movimento dei fatti, scomponendo e ricomponendo, scartando e conservando quanto epurato che starebbe inerme come un reperto o lugubre spoglia, passando da

> un determinismo scientifico a un evoluzionismo dialettico che crederà aver scoperto il segreto spirituale della catena vivente delle anime per aver controllato la saldatura degli anelli che ne sono solo il cadavere[14].

Per la premessa metodologica che considera extrastoriche, estranee ai fatti le convinzioni profonde, si afferma di non esserci bisogno di vagliare il dogma, scartandolo come impossibile a discutersi, perseguendo una storia positiva che si traduce in teologia negativa. *Umano troppo umano*, non si conoscerebbe mai «qualcosa della storia reale che passando per la sua via e servendosi dei suoi mezzi»[15], premendo nella distanza e incomunicabilità tra naturale e divino. In tal modo la storia è considerata dentro un'evoluzione, un caleidoscopio spiegato meccanicamente soltanto come *sviluppo logico*. Si *trascura*, così, *la*

---

[13] *Ivi*, 65.
[14] *Ivi*, 67.
15   *Ivi*, 68.

causa, estraniandola dal legame con quanto precede, accompagna e promette, che dovrebbe far ritenere quella che appare un'evoluzione, invece, uno *sviluppo organico*[16].

Se questi appunti critici hanno da un lato illustrato, all'interno del metodo generale delle scienze, il modo lacunoso di trattare la storia e le sue testimonianza bibliche e di contorno, e tratteggiato il profilo insidioso dello storicismo, dall'altro offrono il quadro di correlazioni dentro il quale riconoscere l'assetto problematico dell'interpretazione del cattolicesimo. Non sfugga l'evidenza delle contiguità con i limiti dell'estrinsecismo. Il problema comune riguarda il punto pregiudiziale della cristologia (gli odierni *doceti* e gli ideologi che fanno di Cristo un fantasma o un essere di ragione[17]), e l'incapacità a comprendere la verità dell'azione soprannaturale.

Laddove il fenomeno assorbe totalmente l'attenzione storicista si rimarca la difficile combinazione tra Cristo storico e Cristo reale. E così, separando la testimonianza

---

[16] *Ivi*, 69. Appare emblematico che a partire dal XVI secolo gli stessi teologi, impegnati nella polemica antiprotestante, che insistevano sull'esistenza di verità di fede non contenute nella Scrittura, rigettassero il senso di un progresso e di «organicità» della Rivelazione, non offrendo però, altra spiegazione alla domanda da dove e come si ricavassero, che la proprietà divina assolutamente esteriore a qualsiasi forma storica, culturale o esistenziale. Valgono le considerazioni di Congar per indicare il contesto in cui maturarono le convinzioni di Blondel, eleggendolo, lui filosofo, a precursore di un cambiamento: «la teologia ha trattato il dogma come una serie di proposizioni o di capitoli posti ciascuno di per sé, senza preoccuparsi molto della loro sintesi organica. All'inizio, o nella prima metà del XIX secolo molti spiriti eccellenti se ne lamentavano e scorgono in tale situazione la causa profonda d'un certo marasma della teologia e del disgusto che numerosi preti dell'epoca provavano nei confronti di essa», Yves Marie-Joseph Congar, *La Tradizione e la vita della Chiesa*, Edizioni paoline, Roma 1983, 110.

[17] Cf. *Storie e dogma*, 72.

dal testimone, si inficia la rilevanza della relazione tra Cristo storico e i suoi primi testimoni. Inoltre, se per spiegare il concatenarsi degli avvenimenti, stando solo a vedere l'azione nel suo tratto fenomenico, si tralascia l'influenza di quanto avviene nell'interiorità delle persone (percepito e intellettualizzato nella coscienza), preferendogli l'idea che ci si è fatta di loro, diverrebbe aleatorio il collegamento tra il Vangelo e la Chiesa: perché attori e spettatori hanno innumerevoli modi di esercitare influenza reciproca. Infine, ostinarsi a misurare lo sviluppo secondo l'ordine logico, non riuscendone a vedere la forma organica, renderà insicuro e improbabile il rapporto tra Rivelazione e Tradizione, problematiche le relazioni dei diversi tempi della Chiesa tra loro, e oscura la nozione stessa del Soprannaturale cristiano.

Appare ora un corpo a corpo tra la tendenza astrattiva e intellettualizzante, e la ricomposizione delle idee *nella* vita, ritrovando «il Cristo reale», e indicando la necessità «di considerare come cose viventi e continue il Vangelo, la Chiesa, i suoi dogmi e i suoi sacramenti»[18].

A quali condizioni potrebbe esserci un'apologetica fondata solo sulla storia? Si potrebbe assumere il metodo dello storicismo e respingerne le conclusioni, senza dare peso all'evenienza che il buon esito non sia arrischiato dalle premesse metodologiche? Basterebbe una ricostruzione quanto più possibile integrale, imparziale, più esatta possibile dei fatti cristiani per fornire da sola una giustificazione delle credenze cristiane? La prima risposta a queste domande è una convinta premessa articolata su due obiettivi critici: non ci si potrebbe accontentare di una «nozione astratta e generica del soprannaturale», e non si potrebbe cercare

---

[18] *Ivi*, 70.

la verità del cristianesimo in una idea tratta da un fatto analizzato isolatamente, o nell'interpretazione frammentaria dei momenti successivi della storia; ma nella visione e valutazione dell'insieme, nelle realtà concrete, nella persona di Cristo e nella Chiesa che la continua[19].

Se la domanda iniziale rivolta agli storici era su *quello* che vedono e non riescono a vedere, ora ci si appunta sul *come*. Non potrebbero osservare il nascente fenomeno cristiano immaginando cosa avrebbero pensato o fatto se fossero vissuti in Giudea al tempo di Gesù, perché trascurerebbero che il loro sguardo è impregnato del secolo in cui vivono. Inoltre, come per l'arcata di un ponte, il presente dello storico raccoglie il peso dell'accumularsi dei tempi che lo separano e nello stesso tempo uniscono all'origine: «è al tutto che si rivolge il giudizio». Ma, congiuntamente, «si può conoscere l'insieme soltanto dal particolare», vigilando sulla indipendenza di giudizio che è sempre condizionato da una propria "metafisica", tant'è che «il critico si serve sempre di una parte dei testi contro una parte dei testi... nel saldare gli uni agli altri gli anelli, fossero pure solo i più importanti, della serie dei secoli cristiani»[20]. Esplicitata questa premessa, la si verifica dentro il rapporto che si stabilisce tra il disegno iniziale di Gesù Cristo e lo sviluppo del Cristianesimo.

Vale per ogni ipotesi che Gesù sia stato uomo, non rivestito di una umanità generica, «toccato dal colore locale», e capace di incidere nell'ambiente in cui era immerso e ha operato. Per questo lo storico che interroga le fonti della Scrittura, di fronte al Cristo non potrebbe esimersi dal domandare

---

[19] *Ibidem*.
[20] *Ivi*, 71-72.

Che cosa ha voluto, che cosa ha fatto; chi è lui stesso; e qual è il rapporto tra il suo progetto iniziale e l'immenso sviluppo del cristianesimo[21]?

La risposta porterebbe in due direzioni: una che riconduce al tempo più antico, al profilo tracciato dai suoi contemporanei, all'idea che se ne sono fatta o che hanno saputo formularne, e che tramandarono quelli che hanno ricevuto dignità di parola, attestata nella prima letteratura cristiana:

> Forse che, per cogliere il «Cristo reale», non abbiamo altro mezzo che il ritratto offerto dai suoi primi testimoni, questo ritratto, che nel senso tecnico del termine storia, potremmo chiamare il «Cristo storico»[22]?

In questo caso soltanto lo storico critico, l'esegeta e il filosofo, avrebbero le chiavi della teologia. L'altra direzione per cogliere il Cristo reale, dovrebbe considerare

> Lo sforzo complessivo delle generazioni credenti, e di far rifluire alla sorgente le correnti di vita e di pensiero che diciannove secoli hanno accumulato sul Vangelo[23].

Se si vuole *vedere*, bisogna farlo con uno sguardo lungo e profondo che non si limiti a cercare solo nei testi più antichi. I primi confidenti di Gesù rappresentano solo un «abbozzo espressivo della pienezza del maestro», che non ritiene integralmente il senso e non ne esaurisce il carico e la potenza, così come è detto nel Vangelo di Giovanni: «Molte cose ho ancora da dirvi, ma per il momento non siete capaci di portarne il peso» (16, 12).

Sarebbe un errore trovarsi a scegliere una sola direzione, perché due grandi temi si intrecciano per comprendere

---

[21] *Ivi*, 73.
[22] *Ibidem*.
[23] *Ivi*, 74.

a fondo il cristianesimo: la realtà del Figlio di Dio e la sua vicenda terrena, e il rapporto che stabilisce con la sua sequela dopo l'ascesa al cielo. Il primo tema riguarda il problema cristologico, quello che Cristo è stato ed è ancora, la sua natura divina, la sua coscienza intima, quanto ha voluto e previsto; il secondo, a fronte dell'insondabilità da parte di uno studioso, che considererebbe questi elementi poco rilevanti (validi sul piano della devozione che ha sempre bisogno di ingredienti per comporre il «suo pio romanzo»), liquiderebbe il rapporto tra Cristo e la Chiesa, considerando il cristianesimo come semplice effetto di quello che Gesù ha affidato al determinismo storico, e di ciò che i riflessi della sua azione hanno fatto germinare[24].

A forza di separare il divino dall'umano, il corpo dall'anima, la storia dalle credenze, ecco imbandita la tavola delle mezze porzioni da cui ci si alza affamati, ma rivestiti del crisma di persona di scienza. Sorge la domanda: servendosi della sola critica storica che cosa si ottiene? Si avrebbe lo scavo dei testi alla ricerca delle impressioni più dirette e dei ricordi più autentici del passaggio di Gesù, e si distinguerebbe il suo parlare secondo la sua coscienza umana; si potrebbe stabilire che il Messianismo è stato il vettore principale della sua predicazione, e che la Buona Novella consisteva soprattutto nell'avvento prossimo del Regno di Dio. E di propriamente suo cosa si potrà ricavare di Gesù se non ha scritto nulla di sua mano? Della sua interiorità cosa resterebbe se non «la coscienza che hanno avuto della sua coscienza uomini semplici», immersi nel loro piccolo ambiente, con poca cultura, più capaci di osservare i fatti, di legarsi sinceramente a un maestro e di subire il suo ascendente personale, che di esprimere idee, che

---

[24] Cf. *Ivi*, 74-75.

descrivere una vita interiore? E come si potrebbe obiettare che se Egli avesse avuto veramente piena coscienza della sua divinità e la distinta visione del futuro, come l'uomo di genio che si impegna a comunicare l'intero segreto dell'anima sua, avrebbe fatto udire con chiarezza parole capaci di lasciare traccia nel Vangelo? Convinti che sia possibile trasferire la conoscenza bell'e fatta negli spiriti, come le parole nelle orecchie. Trascurando, invece che

> Il mistero di Dio non potrebbe essere violato dalla rivelazione stessa, e che la verità, anche divinamente espressa, non può comunicarsi al pensiero umano che incarnandosi in forme contingenti che gliela rendono assimilabile gradualmente[25].

Qui, si sta preparando un'altra congiunzione con i limiti delle pretese estrinseciste, impuntate sull'idea che la Rivelazione consista nella partecipazione all'intelligenza di confidenze deducibili in forma di asserti - «reliquie letterarie» - privi dell'ombra che è parte costitutiva dell'autocomunicazione divina. Ombra che non trattiene il mistero ma lo condensa in un respiro largo, promettente, mai pienamente afferrabile per quanto disponibile. Di Gesù nessuno potrebbe affermare che il suo annuncio potesse essere compreso e ridotto a «tema teologico», ma soltanto, ed è la forza dirompente della sua sequela, come appello alla relazione, inciso propulsivamente nella richiesta «di essere amato al di sopra di tutto». E se la sua opera non è stata annientata dagli esiti tragici, se non è stata infranta dalla «immensa delusione» del ritardo della Parusia, è perché si è conservato nel cuore «l'essenziale di ogni movimento spirituale, un amore invincibile». E perché non domandar-

---

[25] *Ivi*, 76.

si, allora, come la fede «si sia propagata proprio quando pareva mancare alle promesse che sembravano la causa dei suoi primi successi»[26]? Potrebbe affermarsi, allora, che si sia continuato ad attendere il Cristo glorioso perché «si amava il Cristo più della sua gloria», che «restava presente nella Chiesa perseguitata altrettanto e di più che se le fosse comparso improvvisamente sulle nubi», prova del fatto che «fin dall'inizio c'era nella Buona Novella ben altro che l'attesa di un Eldorado»[27]. E non si dovrebbe asserire, che sia avvenuta una sostituzione di sentimenti e un cambiamento di speranza, così che possa ritenersi plausibile che «si attendeva la Parusia, ed è venuta la Chiesa», sopravvissuta ad un abbandono, secondo una *logica sostitutiva* che ne riempie l'assenza sigillata nella sua tomba.

L'influenza personale e inespressa (il non raccontato dalle fonti non può ritenersi irrilevante), ha iniziato una Tradizione di fede che la letteratura cristiana, anche la più prossima all'origine non riesce a raggiungere e a esaurire. Ripudiando questa azione di presenza che si perpetua sotto forme refrattarie alla storia, si esclude categoricamente «il problema della modalità propriamente soprannaturale della sua misteriosa persona»[28]. Ci sono «altri fili» che ci legano a Cristo, c'è un'*altra* storia «fatta di reliquie viventi, senza il quale il cristianesimo non sarebbe più che una religione di pergamene e di scribi». Si, Gesù è scomparso agli occhi dei suoi testimoni, ma coloro che lo hanno veramente incontrato, e tra questi anche quelli che hanno voluto raccontarlo, «hanno consegnato i loro ricordi e la loro azione alla fornace ardente delle fede nuova e della

---

[26] Cf. *Ivi*, 77; 79-80.
[27] *Ivi*, 82.
[28] *Ivi*, 78.

speranza amorosa delle prime comunità cristiane»[29]. Il disincanto, se tale è stato, non ha reciso il *legame vivente*, in quanto «è al Cristo reale, è al Cristo storico che si collega la Chiesa nascente». Divenendo il crogiuolo di un'anima collettiva che ha «liberato lo spirito dalla lettera per purificarsi da tutte le scorie e ambizioni mercenarie»[30]. L'attesa della Parusia è stata una «prima sintesi immaginativa», il «punto d'inserzione», l'«abbozzo di una metafisica del destino soprannaturale dell'uomo alla portata dei pescatori di Tiberiade», che ha fatto guadagnare al senso spirituale il vantaggio su quello materiale, una rampa di lancio per attingere il Cristo reale.

Resta un punto sostanziale che è quello che la Chiesa, «nata dal sangue e dal dolore»[31], agisce nell'urto della «follia» incontrando la cultura ellenica e romana, tutta la civiltà filosofica e religiosa dell'Oriente e dell'Occidente. Cosicché «se ha attratto le anime al suo amore, è possibile che conquisti le menti alla sua follia». Anche in questo caso allo storico si presenta un dilemma: pensare l'elaborazione dei dogmi come adattamento dei fatti e dei sentimenti cristiani al pensiero filosofico, in fondo un'interpretazione intellettuale fissata in un'idea; oppure considerare l'incarnazione di un assoluto nel relativo, «un *punctum movens* effetto di una parola il cui eco risuonasse per sempre, in mille forme armoniosamente collegate»[32]. Un'azione che accompagna e sostiene il succedersi delle cose capace di *realizzare* l'infinito, non oscurando l'umanità, ma segnandone l'orientamento definitivo. Questa seconda ipotesi per essere

---

[29] *Ivi*, 79.
[30] *Ivi*, 77; 80.
[31] *Ivi*, 81.
[32] *Ivi*, 83.

accolta chiederebbe l'assenso a «un mistero soprannaturale racchiuso interamente, in un punto del tempo e dello spazio, nelle forme più umili della natura».[33] È da attendersi che lo storico manifesti una resistenza. Ma per negare carattere di realtà alla circostanza che l'assoluto si incarni nel relativo, non si dovrebbe opporre alcuna *impossibilità*, perché «in nome dei soli fatti, non si potrebbe mai provare che questi fatti sono impossibili, anche dal punto di vista della prova filosofica». Conosciamo sin dai primi tempi dell'esperienza cristiana che il carattere di follia con cui l'Evangelo ha reso inquiete le «speculazioni sdegnose o sottili» in cui penetrava, proponendo l'instaurazione integrale dell'Universo in Cristo, si è affermato come metafisica dell'Incarnazione della Redenzione[34]. In quale maniera, dunque, assumere questa evidenza, per non soccombere all'ipotesi di considerare criticamente imponderabili la vita soprannaturale, e la sua incidenza intellettuale e morale? Basterebbe sezionare, scandagliare, distinguere, datare, e infine opporre quel che si può dimostrare dell'autenticità delle parole e azioni di Gesù a quanto avvenuto dopo la sua morte? Si potrebbe affermare senza incertezza che persone – si parli di Giovanni, di Paolo, o di altri - che non pensavano come filosofi, ritenuti più geniali del loro Maestro e «senza di lui», abbiano «inventato» dottrine la cui omogeneità morale e intellettuale risulta straordinaria? E poi, come trascurare quella «prudenza mediatrice, quel buon senso equilibrato che non si lascia trascinare dalla semplice logica intellettuale» che ha, invece, rovinosamente alimentato la Gnosi delle «spiegazioni ingegnose e sottili» che avrebbero «minacciato la forte e ricca semplicità dei dogmi nascenti»?

---

[33] *Ivi*, 84-85.
[34] Cf. *Ivi*, 86.

Di fronte a queste domande si presenta un'evidenza: il «caso meraviglioso» del mistero teandrico[35], tensione unitiva che rende compatibili, lì dove si vorrebbe dividerli, cielo e terra, libertà e grazia, contestazione di una teologia astratta e conservativa, che, invece, dovrebbe essere docile alla benefica contaminazione e sempre *in azione*. Il mistero teandrico confuta la convinzione che solo la storia basti a dimostrare, *chiudendo* i fatti nel loro determinismo per disporli su piani incomunicabili, mentre è nella coincidenza che appare la sussistenza della verità storica e dogmatica, insieme, nel rapporto tra fatti e fede, tra fatti e dogma.

Non solo, le tesi dogmatiche, nate da uomini differenti, coincidono tra loro, ma esse coincidono con i fatti (storici o immaginari, poco importa qui), per adattarsi a tutti i particolari, al punto da colmare le forme più accidentali della vita di Cristo di una teologia sempre in atto; o meglio esse coincidono con la nostra stessa vita, al punto di

---

[35] Per le intersezioni del divino e dell'umano nella rivelazione, si scopre l'omogeneità teandrica della vita cristiana e della teologia, che prima d'essere un sistema di pensiero è un'attitudine credente (fede come *habitus*), una pratica fedelmente creativa e donante senso. Lo si apprende a contatto con la Scrittura dentro la quale ci si riconosce partecipi, presenti al suo tempo e al proprio: «è veramente il libro del genere umano...la memoria vi è pasciuta colla storia» (ANTONIO ROSMINI, *Delle cinque piaghe della Santa Chiesa*, San Paolo, Cinisello Balsamo 1997, 163). Essere presenti al proprio tempo nella fedeltà allo Spirito di Dio che opera nella storia, è la condizione del cristiano, che prolunga, nella sequela, la missione di assumere tutta la vita umana nell'evento dell'incarnazione. Ci troviamo di fronte a quello che Chenu indicava come «l'economia della vita divina data all'umanità da un Dio incarnato», che non può lasciare fuori nulla: «Dio s'è fatto una legge delle condizioni più terrene dell'uomo, e tutto ciò che egli lasciasse sfuggire a quelle condizioni danneggerebbe la sua impresa», MARIE-DOMINIQUE CHENU, *Classi e corpo mistico di Cristo*, in Id., *Il Vangelo nel tempo*, Roma, Editrice A.V.E 1968, p. 149.

rinnovare il nostro essere interiore con pratiche sconosciute che subito l'esperienza mostra come praticabili e benefiche; sicché dogmi, storia del Cristo, vita dell'uomo, formano un tutto per così dire indivisibile: *mihi vivere Christus est* [*Filippesi* 1, 21][36].

Saldatura della vita *in* Cristo, della storia *nel* dogma, tale è l'*essenza* del cristianesimo come *incipit* e destino del cristianesimo. Ma senza una mediazione, senza un ponte tra i fatti e la fede lo sviluppo cristiano potrebbe essere spiegato solo come processo omogeneo, così che il rapporto storico tra i fatti esaurisce tutta la loro realtà. Emergerebbe in questo modo un'ambiguità che deve essere sciolta mettendo nel cuore dei fatti un'*idea direttrice* che non può essere solo un fatto,

> E che sola può fornirci il criterio per distinguere ciò che sarebbe soltanto *evoluzione,* cioè effetto di pressioni esterne o di influssi incrociati, da ciò che è *sviluppo* vitale, cioè creazione continua a partire da un germe che assimila i suoi alimenti[37].

Questa idea direttrice, la cui forma è impasto di carne e pensiero, vita di fede, è il soprannaturale. Ora, se si cercasse tramite un metodo che misura solo quanto è naturale, anche affermandone la presenza, rischierebbe, col pretesto dell'esattezza scientifica, di non trovarlo più. Escluso non solo dal loro insieme, ma pure dai singoli avvenimenti. E qui, ancora una volta le due critiche, agli storicisti e agli estrinsecisti, si sommano per l'ostinato affermarsi della coerenza della continuità evolutiva rispetto alla sua origine, e l'indisponibile purezza del principio divino. Una deriva che prelude l'oblío:

---

[36] *Storia e dogma,* 87; Cf. 88.
[37] *Ivi,* 90.

> Come l'aeronauta trascinato dal vento senza punto di riferimento, il critico che s'immergesse interamente nel *fieri* diverrebbe tanto incapace di giudicare l'*esse* quanto, poco fa, lo era l'ideologo estrinsecista di comprendere e accettare il *fieri*[38].

Non basterebbe affermare che «la Chiesa è soltanto il Vangelo continuato», perché in questa maniera il cristianesimo nella storia sarà ostaggio della notazione dei dati di una storia naturale. Con il contraccolpo che sconfessando l'incidenza propulsiva del soprannaturale, la comprensione del dogma si riduce alla sua forma esterna e intelligibile da cui non si ricaverebbe altro che un'ideologia. Non si potrebbe che contestare, allora, una tesi che si appunta sull'esistenza «di compartimenti stagni fra la storia e il dogma, e della incommensurabilità delle asserzioni di fede», costringendosi alla «contabilità di coscienza a partita doppia». Per cui se lo storico individua il soprannaturale, lo farebbe per le sue separate convinzioni religiose, non in quanto storico[39], e la storia secondo la fede sarebbe soltanto una «parabola edificante»[40]. Si scava così un solco tra ciò che è saputo e ciò che è creduto, escogitando per la fede l'estrema possibilità di salvezza «levandole gli ormeggi e rifugiandosi nel dualismo di due ordini incommensurabili»[41]. Ma così, la fede

> Come l'aquilone, senza il filo che la tiene legata al terreno dei fatti, senza il peso compensatore delle idee, essa rischia tra cielo e terra, o di svanire in un mistico simbolismo, o di ricadere nel positivismo della scienza[42].

---

[38] *Ivi*, 90-91.
[39] Cf. *Ivi*, 93-94 e nota 9.
[40] *Ivi*, 99.
[41] *Ibidem*.
[42] *Ivi*, 95.

La vittima di questa *erranza* sarà il carattere del divino, che scarnificato, privato della personalità - il Padre, il Figlio, lo Spirito santo - e dei suoi fini, si trasforma in un enigma impenetrabile, l'«Inconoscibile inconscio». Complici sono i sistemi che non fanno circolare vita tra fatti e dogma, imballando il soprannaturale nei segni che lo manifestano chiaramente ai sensi o nella definizione che lo rende formulabile per l'intelletto, congelandolo nella sua purezza astratta. Una combinazione adatta a ridurre la fede a luogo in cui cercare soddisfazioni intellettuali, mentre, nella fame e nella sete, dovrebbe essere l'epifania del dono che Dio offre di sé. Con tutto il suo carico di mistero intrecciato a quello umanissimo dell'esistenza.

Siamo alle battute finali delle considerazioni critiche di Blondel. Lo storicismo, come l'estrinsecismo, si è dimostrato un'«abitudine mentale» lacunosa e gravida di pericoli. Con il suo metodo conduce a un senso religioso alimentato da una metafisica dell'inconoscibile, in cui l'assoluto si rappresenta nel suo polimorfe divenire, mentre l'esperienza cristiana è tutt'altro: è salvezza comunicata da vita a vita, quella divina e quella umana. E conoscibile è la verità che la manifesta: la concreta umanità del Figlio di Dio, non la sua idea, che si fa sacramento che si consegna alla storia conducendola al suo fine. In questa *differenza* si riallacciano i due antagonisti, entrambi incapaci di cogliere l'errore che li acceca. Cosa fare? Convinti che ci possa essere un male minore, si sceglierà l'uno o l'altro? Chi dovrà essere sacrificato? Come se di fronte al divampare di un incendio, costretti a fuggire, si afferra qualcosa sapendo che tutto è perduto? Non sarebbe questa la scena. Qui non si vuole gestire un'emergenza ma trovare una soluzione che impedisca che la casa bruci. E brucerebbe se il problema tra storia e dogma restasse irrisolto, continuando a contendersi, «incomplete e incompatibili», le patrie della legittimità, una il cielo, l'altro la terra, tra loro inesorabilmente divisi. Per gli uni che, adattando i fatti ai dogmi svuotano la storia, non solo quella biblica, della dignità del suo contenuto umano; per gli altri che, arroccati nell'invincibile determinismo storico, non riconoscono cittadinanza al senso della fede. Due storie, due destini.

Si avverte l'insufficienza di quanto sin qui si è esposto, ed è chiaro che la soluzione andrà cercata oltre la loro contesa:

> Non è affatto mostrando le insufficienze o i pericoli dello storicismo che rimedieremo alle lacune e alle debolezze dell'estrinsecismo. Vedete la strana situazione in cui ci troviamo. Poco fa, quando si trattava la storia dogmaticamente, si era giunti quasi a sopprimere la storia umana della Bibbia, ci si difendeva contro la critica indipendente, e si lasciava solo cadere dall'alto, per ritirarla a ogni momento, una scala di corda che sembrava andare dai fatti a i dogmi, mentre in realtà scendeva dai dogmi ai fatti; almeno gli spiriti abbastanza sgombri, le anime agili o docili o ardite potevano arrivare alla fede… Ora ecco che, servendosi della critica, dopo aver promesso una grande scala si è occupato così bene tutto il piano terra che non resta più spazio per salire; si lascia rispettosamente il dogma alla porta, o meglio al piano superiore; dopo aver riconosciuto che possiamo raggiungerlo soltanto attraverso la storia, la storia gli chiude tutte le uscite, togliendogli anche il sostegno di una Storia santa, perché non vi siano più due storie differenti, l'una secondo la scienza, l'altra secondo la fede[43].

---

[43] *Ivi*, 101-102.

CAP. IV

La Tradizione

Conclusa l'analisi critica, risulta chiaro che le formule e i fatti, da soli e contrapposti, non possano aiutare a rispondere alla domanda che orienta *Storia e dogma*: «Come accade che legittimamente la Bibbia sostenga e garantisca la Chiesa, e che la Chiesa sostenga e interpreti la Bibbia?». Se la Chiesa non si fonda interamente sulla Scrittura, e la storia non è solo quella che lo storico può stabilire, emerge la necessità di un «principio sintetico», di una mediazione, di «un elemento intermedio fra la storia e il dogma, la necessità di un legame che ne operi la sintesi e ne mantenga la connessione senza comprometterne la relativa indipendenza»[1]. La scienza storica, si è visto, non potrebbe con il suo metodo ricavare il senso, il valore e la portata dei dogmi. E la deduzione estrinsecista non offrirebbe spazio e respiro alla vita che li innerva. Esiste una forza vivificante, distinta ma partecipe, che potrebbe riconciliare, la Tradizione, quel prodigioso fruttificare nei secoli della semina evangelica, che ha nella coscienza cristiana la garanzia della continuità di tale sviluppo. Il ragionamento di Blondel *si radica* nella Tradizione e interpreta i fatti evangelici nella effervescenza del soprannaturale che la fede gli riconosce. Ed è qui che

---

[1] *Storia e dogma*, 103.

sta la differenza con la critica storica, che esamina la Tradizione con il distacco di chi vede *da fuori*, considerandola un fenomeno e non come un'esperienza che lo coinvolge, nella convinzione di trovarsi di fronte a due verità, quella dello storico, che lo riguarda, e quella del teologo. Rispetto a quanto può trovarsi nella Scrittura sull'origine e la fine, secondo quanto contenuto in *Genesi* e nell'*Apocalisse*, seguiamo la spiegazione che ne darebbe Loisy: «non un solo capitolo di questi libri potrebbe comunicare il medesimo insegnamento e avere lo stesso senso per il critico e per il teologo», che deve necessariamente interpretare superando il senso letterale, rintracciandovi reconditi significati morali, non avendo come suo obiettivo la precisione scientifica, ma la ricerca del sostegno spirituale e religioso[2]. Per Blondel, invece, come abbiamo visto, non sarebbe ammissibile una «contabilità di coscienza a partita doppia», per cui verità teologica e verità scientifica divergano[3]. Sopra i due libri, quello delle Scritture, e quello della vita, la verità si unifica, componendo la relazione nella fede, tra Dio e storia. Il modo per osservare questa conciliazione è fissato nel principio della Tradizione.

Egli è sorpreso che per quanto si affermi che la Chiesa sia fondata sulla Scrittura e sulla Tradizione, a quest'ultima si

---

[2] Alfred Loisy, *Autour d'un petit livre*, Alphonse Picard et Fils, Éditeurs, Parigi 1903, 54.

[3] Una ripresa di questa convinzione è presente in de Lubac che riflette sulla parabola spirituale e culturale di Newman: «Se è uomo di studio utilizzerà il meglio possibile – con esito più o meno felice – i metodi che la sua disciplina richiede, ma senza dimenticare che la Tradizione cattolica non rivela tutto il suo contenuto essenziale ad una indagine sia pure esauriente: essa non diventa pienamente intelligibile se non a colui che, immerso in essa, può osservarla dal di dentro e vive della fede della Chiesa», Henri de Lubac, *Meditazioni sulla Chiesa*, Jaca Book, Milano 2017, 169.

LA TRADIZIONE

attribuisca un ruolo limitato nella teoria dei dogmi e nelle discussioni sul metodo dell'esegesi, apparendo deturpata nelle reciproche prospettive. Considera necessario liberarla «dalle maschere limitate che la sfigurano e di esporne l'idea completa, la funzione vitale, la fecondità originale». Diverrà necessario, in questa linea, capire da cosa ricavi la sua forza e in che maniera essa esprima una storia che lo storico critico non riesce a identificare, e come da essa si conosca il dogma diversamente da come possa riuscirci il teologo.[4]

L'idea comune da cui si parte nelle considerazioni intorno alla Tradizione è che essa sia

> una trasmissione, principalmente orale, di fatti storici, di verità ricevute, di insegnamenti comunicati, di pratiche consacrate e di costumi antichi[5].

---

[4] *Storia e dogma*, 104.

[5] *Ivi*, 105. Il Concilio di Trento, IV Sessione, con il *Decretum de libris sacris et de traditionibus recipiendis*, indica l'esigenza per la Chiesa di rimanere nella «purezza del Vangelo» e, a proposito della Rivelazione puntualizza che essa è contenuta e mediata «nei libri scritti e nelle tradizioni non scritte che, raccolte dagli apostoli dalla bocca dello stesso Cristo, o dagli stessi apostoli, sotto l'ispirazione dello Spirito Santo, trasmesse quasi di mano in mano, sono giunte fino a noi, seguendo l'esempio dei padri della vera fede, con uguale pietà e venerazione accoglie e venera tutti i libri, sia dell'antico che del nuovo Testamento, essendo Dio autore di entrambi, e così pure le tradizioni stesse, inerenti alla fede e ai costumi, poiché le ritiene dettate dalla bocca dello stesso Cristo o dallo Spirito Santo, e conservate nella chiesa cattolica in forza di una successione mai interrotta», (HEINRICH DENZINGER, ed., *Enchiridion symbolorum, definitionum et declarationum de rebus fidei et morum*, 1501). La *trasmissione mai interrotta*, segue il principio attestatosi sin dal V secolo nella combinazione di due affermazioni di Vincenzo di Lérins, che sia da ritenersi di fede cattolica solo quanto è stato insegnato «ovunque, sempre e da tutti», e che dire la fede «in modo nuovo» non significa dire «cose nuove» (*Commonitorium* 2; 22). Riguardo al contenuto, alla funzione e alla relazione tra le *fonti*, la «trasmissione»

Nella prospettiva di considerarla un principio vivificante, un ponte tra le idee e i fatti, un intermediario tra la storia e il dogma, potrebbe bastare tale definizione? Se così fosse non si terrebbe conto del problema che essa, così rappresentata, risulta impoverita di autorità e utilità, limitata all'idea che quanto da lei comunicato corrisponda a quello che non è stato redatto, trasmesso. Oppure, è come se si trattasse di un segreto, recepito come integrazione di quanto si sarebbe potuto tramandare nei testi, «rimediando alle loro lacune, alla loro brevità» e alle omissioni riguardanti consuetudini all'epoca ritenute comuni e quindi meno degne di nota. Risulterebbe un prendere parola di fronte al silenzio delle fonti scritte, le sole che agli occhi del critico risaltano del valore probante. E quanto poco gioverebbe a una siffatta valutazione il peso della distanza dalle origini, il crogiuolo dell'«infedeltà ingegnosa» della memoria del popolo credente[6]. Ma dall'altra parte ci sono quelli che pur aderendo al valore della Tradizione, contribuiscono alla sua estenuazione limitando il suo oggetto al luogo in cui ritrovare le «idee riflesse» di quanto possa essere già stato tradotto nella forma scritta, finendovi asservita, nulla di più «che non sia immediatamente e integralmente trasformabile in una espressione intellettuale»[7]. Così ridotta, cercando in lei una «forza», la si troverebbe

---

viene ad assumere varie interpretazioni: secondo quella che distingue Scrittura e Tradizione come «due fonti» indipendenti che trasmettono ciascuna una parte; quella della «sufficienza della Scrittura», che assegna alla Tradizione il ruolo interpretativo ed esplicativo di quanto la Bibbia racchiude; in ultimo, quella della «sufficienza relativa della Scrittura», contenente la *sostanza* delle verità rivelate, che si *completa* tramite la Tradizione.

[6] *Storia e dogma*, 105.
[7] *Ivi*, 106.

soltanto «conservatrice», come fonte integrativa della memoria e della sua intellettualizzazione.

La tesi che Blondel intende dimostrare è che la Tradizione ricapitola nella propria continuità un'esperienza spirituale collettiva *sempre in atto,* di scoperta ed espressione della verità – *vita* non solo idee - che si emancipa e distingue per oggetto e funzione dall'insegnamento scritto:

> questa forza conservatrice è al tempo stesso conquistatrice... La Tradizione sa conservare del passato non tanto l'aspetto intellettuale quanto la realtà vitale. Anche là dove esiste la Scrittura, essa ha dunque sempre qualcosa da aggiungervi, e da lei viene preso ciò che passa a poco a poco negli scritti e nelle formule. Essa si fonda certamente sui testi, ma si fonda insieme e anzitutto su qualcos'altro, su un'esperienza sempre in atto che le permette di rimanere, in un certo senso, padrona dei testi invece di esserne strettamente dominata[8].

Essa scopre col sentimento di ritrovarle, verità trattenute «nella profondità della fede e della pratica» di cui il passato è impregnato senza averle espresse e formulate; veicola il passaggio «dall'implicito vissuto all'esplicito conosciuto». Un rinvenimento che conservando e preservando – la sua fedeltà - svolge il compito di insegnare continuamente del nuovo – pur non innovando «avendo già il suo Dio e il suo tutto» - secondo due polarità attraenti, la radice e la promessa, e nella continua corrispondenza di idee e fatti, conoscenza e vita:

> Rivolta amorevolmente verso il passato dov'è il suo tesoro, essa va verso il futuro dov'è la sua conquista e la sua luce. Ha l'umile sentimento di *ritrovare* fedelmente anche ciò che essa *scopre*... Per quanto paradossale questa espressione possa sembrare, la Tradizione anticipa il

---

[8] *Ivi,* 107-108.

futuro e si dispone a illuminarlo con lo sforzo stesso che essa compie per rimanere fedele al passato[9].

La fedeltà della Tradizione non si fonda, quindi, solo sul passato ma nella *continuità transitiva* che non si limita a collegare i fatti ai dogmi, ma che permette di «raggiungere il Cristo reale» senza passare per il tramite esclusivo dei testi, e senza rimanere ancorati al ritratto letterario che se ne estrae. La *continuità* è essa stessa una mediazione che si compie nella vita e nella partecipazione collettiva, perché «la fede nei dogmi suppone già la fede vivente». Il suo inizio, che per taluni rappresenta un problema, è la sua prospettiva: Gesù che non ha scritto nulla, commenta Congar,

> Aveva assegnato agli apostoli non la missione di lasciare dei testi ma quella di predicare. Essi avrebbero dunque predicato e trasmesso il messaggio e la realtà del Vangelo. Degli atti di trasmettere (*paradounai*) e di ricevere (*paralambanein*), di ritenere e custodire (*katechein, kratein*), S. Paolo fa la trama medesima o la legge del regime di fede mediante la quale si edificano le comunità[10].

Nel rapporto tra esperienza diretta e predicazione non si potrebbe togliere nessuno dei verbi ricordati da Congar, che dicono la potenza delle parole incarnate in una storia di fede comunitaria, che accoglie, comprende e che trasmettendo vivifica:

> Il formulario intellettuale della dogmatica cristiana che si è definito soltanto in seno a una società credente, non può essere vivificato e sviluppato ancora che da una fede vivente, e che, per comprendere pienamente il dogma,

---

[9] *Ivi*, 108; 109.
[10] Yves Marie-Joseph Congar, *La Tradizione e la vita della Chiesa*, Edizioni paoline, Roma 1983, 107.

bisogna avere virtualmente in sé la pienezza della Tradizione che lo ha generato[11].

Il dogma libera il suo significato lungo il fiume di vita che è la fede. E quindi come lo si potrebbe comprendere lontano dal pulsare dell'esistenza, che gli permette di essere rivitalizzato e così, veramente fecondo. Si devono accogliere, con la provvidenziale inquietudine che comporta, le nuove germinazioni di quel grande albero che è la Tradizione, che contiene, insieme, i dati della storia, lo sforzo della ragione e l'intera sequenza delle esperienze dell'azione fedele. Altro che assegnare luoghi contrapposti per i fatti e per le idee. La forma della Tradizione è quella della sintesi, questa la sua missione.

C'è da dirimere, però, un'altra contesa. Alcuni la vorrebbero garante solo se congelata in una formula, ossessionati da una «fissità distruttiva che mutila ogni crescita vitale», altri la strattonano eleggendovi il luogo del nuovo che subentra al vecchio secondo una «evoluzione indefinita»[12].

---

[11] *Storia e dogma*, 110-111.

[12] Intorno all'interpretazione della realtà della Tradizione si appuntano reazioni che più volte hanno diviso il cattolicesimo e che accompagnarono l'annuncio, lo svolgimento e la ricezione del Vaticano II, espresse lungo effetti diversificati. Ne dà testimonianza un piccolo libro scritto dal gesuita Gustave Martelet che fu perito conciliare, pubblicato nel 1962, nel quale si illustrano due mentalità, entrambe considerate pericolose e raccolte sotto le opposte espressioni di «progressismo» e «integrismo». Per il progressista la lotta per il cambiamento (nell'ordine temporale, ma si poteva applicare estensivamente), sarebbe il criterio per valutare l'autenticità della fede, mentre l'integrista, confusamente, farebbe coincidere la stabilità dei principi con la garanzia dell'ordine morale e sociale, Cf. Gustave Martelet, *Cattolici di sinistra? Cattolici di destra?*, La Locusta, Vicenza 1962. Nella Chiesa consorterie e intrighi non poche volte pensano di nobilitarsi imbracciando il vessillo della conservazione o della riforma, ma «lo spirito cattolico è opposto per principio ad ogni "spirito di fazione" o semplicemente di chiesuola, sia che si cerchi di sottrarsi

Eppure lei rappresenta altro, è «sviluppo ordinato e connesso alla finalità interna di un organismo»[13]. Può essere il collegamento e la continuità dell'esperienza di incontro con il Cristo reale, «per precisare ciò che ha voluto, per sviluppare ciò che ha fatto, per determinare il senso del dono soprannaturale che ha portato», dando forma, in questo modo, alla storia santa della Rivelazione.

Ma fa capolino il problema del *come* misurare la legittimità di questa esperienza, che potrebbe apparire una pretesa senza fondamento sia per lo storico che per il teologo così da essere giudicata «assurda». La posta in gioco è grande, perché si tratta, salvaguardando fedeltà e progresso, di sostenere la validità della speranza di «scoprire i pensieri autentici di uomini che non li hanno nettamente espressi, e che sarebbero stati incapaci di comprendere la formula con cui li abbiamo ricoperti». Con quale metodo stimarne la validità, evitando di dare l'impressione di ricorrere alla Tradizione in mancanza di altri argomenti, o per sottrarci ai casi problematici usando l'autorità quando mancherebbero le ragioni? Come trovare il «fondamento razionale»? Perché non appaia che la Tradizione lavora alla cieca, per istinto, in assenza di criteri di valutazione e senza regole[14]?

La prima cosa da mettere in chiaro è che non limitandosi alla sola trasmissione orale, l'azione della Chiesa attua una «estensione» di quanto la Scrittura insegna mantenendo la sua efficacia propria e una competenza distinta. I criteri con cui esprime tale estensione servirebbero piani diversi,

---

all'autorità della Chiesa, sia, al contrario che si miri ad accaparrarsela», HENRI DE LUBAC, *Meditazioni sulla Chiesa*, 172.
[13] *Storia e dogma*, 112.
[14] Cf. *Ivi*, 111-112.

natura e soprannatura, ma che trovano la loro convergenza, e dimostrarlo diventa la sfida apologetica. Non si potrebbe pensare l'avanzamento della Chiesa nella relazione comunicativa della verità rivelata e del Rivelatore che la compie nella sua interezza, come se procedesse alla stregua dei ricercatori che scavano e verificano l'autenticità e la maggior antichità di un ritrovamento, tramite una sequenza di scoperte erudite. Importanti, ma non potrebbero rappresentare da sole la causa.

Inoltre, la Chiesa non avanza dialetticamente, come se fosse una filosofia,

> Certamente, si adatta alle diverse forme della cultura intellettuale; prende ai sistemi il linguaggio di cui ha bisogno per conferire alla sua stessa dottrina tutta la precisione richiesta da un certo stato di civiltà; ma non si lega a nessun sistema; e le formule più definite, più strettamente inserite in una terminologia filosofica, come quella dell'aristotelismo ad esempio, non sono mai per lei che un linguaggio scientifico e perfettibile...Le formule servono a determinare con precisione il senso che ha voluto esprimere la Chiesa. Questo senso è definitivamente riconosciuto; ma le formule restano mutevoli, a condizione che la nuova espressione, conservando tutto il significato incluso nel vecchio linguaggio, si adatti ancor più esattamente ai progressi della scienza cristiana[15].

---

[15] *Ivi*, 113 e nota 11. Queste considerazioni trovano piena corrispondenza con quanto si è stabilito nel Concilio Vaticano II, sin da *Gaudet Mater ecclesiae*, il Discorso di Giovanni XXIII per l'apertura del Concilio (11 ottobre 1962): «Noi non dobbiamo soltanto custodire questo prezioso tesoro [della dottrina cattolica], come se ci preoccupassimo della sola antichità». Essa deve essere «approfondita ed esposta secondo quanto è richiesto dai tempi. Altro è infatti il deposito della Fede, cioè le verità che sono contenute nella nostra veneranda dottrina, altro è il modo con il quale esse sono annunziate, sempre nello stesso senso e nella stessa

Se non si lega ad alcun sistema, non saranno i sistemi a tenerla in ostaggio. La sua autonomia è conseguenza dell'alterità vitale, non soffocata in formule, della voce divina che la impernia. I rivestimenti come tutti gli altri strumenti possono assorbire il senso, ed esaurire in loro il contenuto che dovrebbero servire. Come può accadere, ad esempio, per il latino, che una volta assunto come lingua ufficiale della Chiesa non può trarne «una superiorità sulle altre lingue o un'efficacia magica»[16].

Neppure si potrebbe assegnarle di avanzare con una specie di «empirismo mistico» che si sottrae ad ogni giustificazione. Mentre la sua natura comunicabile, per quanto non si sottoponga ad altre autorità, si rivolge all'intelligenza e quindi non può astrarsi in una presunzione che stravolge il senso della fede in radicale sottomissione. Questo depaupererebbe l'umana natura della dignità di essere parte attiva di un rapporto – inserzione - cercato da Dio. Senza che si arrivi a pensare che la Tradizione ondeggi secondo le umane mutevolezze.

Non si preoccupa di essere abile, opportuna, conveniente; ma si serve di tutti i mezzi umani per essere compresa

---

accezione. Va data grande importanza a questo metodo e, se è necessario, applicato con pazienza; si dovrà cioè adottare quella forma di esposizione che più corrisponda al magistero, la cui indole è prevalentemente pastorale»; e così in *Gaudium et spes* 62, «gli studi recenti e le nuove scoperte delle scienze, come pure quelle della storia e della filosofia, suscitano nuovi problemi che comportano conseguenze anche per la vita pratica ed esigono nuove indagini anche da parte dei teologi. Questi sono inoltre invitati, nel rispetto dei metodi e delle esigenze proprie della scienza teologica, a ricercare modi sempre più adatti di comunicare la dottrina cristiana agli uomini della loro epoca: altro è, infatti, il deposito o le verità della fede, altro è il modo con cui vengono espresse, a condizione tuttavia di salvaguardarne il significato e il senso profondo».

[16] *Storia e dogma,* 113, nota 11.

e per trovare negli uomini i punti di inserzione preparati
alla sua azione. Ovunque quindi la sua soprannaturale
saggezza si illumina di conoscenze, si circonda di precau-
zioni, determina delle operazioni naturali. Ed è certamente ciò che vuol dire quando si afferma che il Magistero è
guidato, nell'infallibile esercizio del suo insegnamento,
non per rivelazione e nemmeno per ispirazione, ma per
«assistenza»...Cioè Dio domanda all'uomo di servirsi di
tutti i mezzi della scienza e della riflessione[17].

Dio pare nascondersi, non per sottrarsi ma per *dare
spazio*, purché non si compia l'errore di occuparlo interamente con formule sostitutive della sua pienezza vivente, mentre invoca la scoperta inesauribile del campo largo
della sua azione che accompagna, sostiene, corregge. Dio
riversa una vitalità interiore alla storia che non si esaurisce
nella dottrina. Sia storici che teologi dovranno tener conto,
rivolgendosi alla vita morale e religiosa, che nelle trame
del loro tessuto sussiste un non ancora pienamente razionalmente motivato, non pienamente riducibile al pensiero
esplicito. E qui Blondel ricorre, nella ricerca del «fondamento razionale» del principio della Tradizione, a quanto
ha verificato nella sua filosofia dell'azione:

> Le cose vanno ben diversamente in una filosofia dell'a-
> zione che studia le vie molteplici, regolari, metodicamen-
> te determinabili, attraverso le quali la conoscenza chiara
> ed esplicita giunge ad esprimere sempre più pienamente
> la realtà profonda nelle quali si alimenta[18].

Se la Tradizione non fosse altro che la trasmissione di
quanto gli antichi hanno espresso nettamente senza tener
conto dei riflessi che hanno segnato e continuano a incidere

---

[17] *Ivi*, 114.
[18] *Ivi*, 115.

nell'esperienza spirituale, essa soccomberebbe nella lotta col tempo ove quei *reperti*, invece, si rianimano in *passi* di un cammino ininterrotto. L'interiorizzazione è fermento, la fede è vita che compone «un altro deposito», da non ritenersi alternativo ma effetto dell'«assistenza» divina. E allora quale azione potrebbe esprimere la conservazione fedele che non si esaurisce nel riferimento alla documentazione indiretta, perché come sappiamo, Gesù non ha scritto niente? Certamente non solo la «precisazione didattica» di un insegnamento orale. C'è un *modo* che Cristo ha lasciato per «supplire legittimamente a ciò che non ha detto». Esso agisce alla maniera di quanto accade da bambini, destinatari di parole e pensieri che solo più tardi, conservati in una «memoria sempre al lavoro e che non è solo intellettuale», per una graduale «ruminazione», riemergono dall'oscurità in cui erano stati accolti, portando all'evidenza quanto era sfuggito. Si realizza in questo "modo" la promessa di *sviluppi futuri* «per vie nuove e personali» che mette in crisi l'equivalenza fedeltà-*ne varietur*: «lo Spirito Santo che il Padre manderà nel mio nome, egli v'insegnerà ogni cosa e vi ricorderà tutto ciò che vi ho detto» (*Giovanni* 14, 26)[19].

Ci vuole tempo, e Dio è longanime, è paziente nella condiscendenza verso la misura diversa ma non incompatibile dell'umanità: «Molte cose ho ancora da dirvi, ma per il momento non siete capaci di portarne il peso» (*Giovanni* 16, 12). Gradualità in progresso per una fede che è *osservanza* ma è anche *dimora divina* in lui (cf. *Giovanni* 14, 15-23). Eccoci al nodo che stringe l'evidenza dell'unione tra umano e divino: dal mistero di Cristo all'esperienza di fede come pratica vitale, l'«azione fedele», l'«obbedienza pratica dell'amore», l'unica che può veramente conservare

---

[19] Cf. *Ivi*, 115-116, e nota 13.

vivo quanto è ancora in parte oscuro per sé. Così non sarebbe se la Rivelazione si fosse consegnata in una forma esclusivamente intellettuale:

> Conservare la parola di Dio, è anzitutto praticarla; e il deposito della Tradizione, che le infedeltà della memoria e i limiti dell'intelligenza deformerebbero inevitabilmente se ci fosse consegnata in una forma completamente intellettuale, non può essere trasmesso nella sua integrità, anzi, non può essere utilizzato e sviluppato se non è affidato all'obbedienza pratica dell'amore. L'azione fedele è l'arca dell'alleanza in cui risiedono le confidenze di Dio, il tabernacolo dove si perpetuano la sua presenza e i suoi insegnamenti. Se l'essenziale verità del cattolicesimo è l'incarnazione delle idee dogmatiche nei fatti storici, bisogna dire inversamente che la meraviglia della vita cristiana è che, dagli atti, dapprima forse penosi, oscuri e forzati, si sale alla luce per mezzo di una verifica pratica delle verità speculative. *Lex voluntatis, lux veritatis*[20].

Siamo al momento più alto della riflessione, e nella congerie di umori e convinzioni contrapposte, nonostante la cautela dell'argomentazione, non si perda l'evidenza che ne abbiamo raggiunto il cuore: *l'azione fedele è l'arca dell'alleanza in cui risiedono le confidenze di Dio*. Dall'azione si risale alla luce della verità. Sono i fatti impastati di Vangelo a comprenderla. Abbiamo gli avvenimenti e le idee dell'origine cristiana, insieme a una incessante ermeneutica pratica fondata sull'azione collettiva dell'umanità e sull'azione di Dio in loro. Di questo è costituita la Tradizione. Che svolge un'azione moderatrice nella stessa indole del metodo scientifico, che si arrende solo di fronte all'evidenza e resiste prudentemente vigilando che nulla

---

[20] *Ivi*, 117.

potrebbe «modificare la Tradizione che non si riveli, alla prova, conciliabile con lei e favorevole al suo progresso»[21].

È nel carattere specifico del cristianesimo che la Rivelazione si rivolga come misura disponibile, libera, non avvitata in sé stessa, promettente e coinvolgente (supponendo la carne e lo spirito della vita si fa cultura senza subirne la parzialità), e il suo insegnamento trova nella sua natura davvero soprannaturale il fatto che sia

> comprensibile e praticabile soltanto se il dono iniziale è un seme capace di crescita progressiva e continua. Il Verbo divino non si è fissato in sé. Gesù ha scritto sulla sabbia e ha stampato la sua parola solo nell'aria: il suo insegnamento vivente arriva agli spiriti mutevoli e indecisi che lo ascoltano. La traduzione umana che ne viene fatta, per quanto precisa la si immagini, lo lascia incompleto e immobile...Lo si comprenderà meglio, lo si assorbirà a poco a poco con un lavoro nutrito al tempo stesso alle fonti della vita morale dell'uomo e con i suggerimenti dello Spirito invisibile, simultaneamente presente a tutti i momenti della durata e a tutte le forme della civiltà[22].

Se in questo consiste l'*apax* del cristianesimo perché tanto timore e scetticismo di fronte all'idea di «sviluppo», che allunga le sue radici nell'imprendibile – tra velamento e svelamento - infinita ricchezza di Dio. E ancora una volta, entrambe le mentalità, storicista ed estrinsecista, sono interpellate a riconoscere la loro fallacia.

Ma l'arco temporale si allarga e ci raggiunge, non essendosi sradicate ostinazioni che accompagnano l'intera storia del cristianesimo. La convinzione che sia eterodossa l'idea dello sviluppo, motivo di preoccupazione di tanti

---

[21] *Ivi*, 118.
[22] *Ivi*, 119.

credenti, copre la circostanza che sia, invece, il *fissismo* il vero problema, «eresia virtuale» che suppone l'inerzia di Dio, l'abbandono della sua assistenza alla storia, e che la sua essenza vada spremuta da un frutto colto nel più lontano tra i tempi, lasciando seccare l'albero, fasciando il dogma come si trattasse di una mummia, riducendo i teologi a «guardiani di museo»:

> Il fissismo (tanto quello dello storico che pretende cogliere la verità della Rivelazione nella sua prima redazione, quanto quello dello speculativo pronto ad abbracciare l'infinita realtà in una sintesi compiuta, come se a un certo momento della storia lo spirito dell'uomo avesse esaurito lo spirito di Dio), sì, è il «fissismo» che è un'eresia virtuale[23].

Quale che sia l'approccio, è in questione una sola cosa, che è la sostanza della fede: «raggiungere il Cristo», aderire alla fede che Egli sia veramente il Verbo incarnato. Di conseguenza per giustificare i dogmi, se essi esprimono l'assoluto senza volerlo tenere prigioniero, non si può credere di riuscirci con un cammino regressivo, limitandosi a spremere il senso dei testi primitivi cercando «l'ultima parola nella prima eco». Le prime testimonianze sono gravide di soprannaturale, e la sua natura è infinitamente mobile, la sua fecondità prolifica negli effetti, riconducendoli alla sorgente per realizzare il loro futuro. Quindi solo

> un cammino progressivo e sintetico, riportandoci da tutti gli effetti prodotti alla causa e proiettando verso la loro sorgente tutti i raggi sparsi nella coscienza cristiana nel corso dei secoli, può imitare col suo progresso indefinito l'infinita ricchezza del Dio rivelato e sempre nascosto, nascosto e sempre rivelato.

---

[23] *Ibidem.*

Se ci si è trovati con le spalle al muro, costretti all'alternativa tra storia e dogma, tra una storia senza Dio e un Dio senza storia; se l'unica cosa che si possa criticamente dimostrare è che le 'epoche' hanno interrotto la continuità tra Vangelo e Chiesa, affermare che il soprannaturale possa trovarsi nella storia santa e nel dogma non sarebbe erigere un altro muro, ma farlo sgretolare, dando aria alla vita, ai fatti che ne dimostrano la verità. Il soprannaturale dentro le vicende attesta che nulla potrebbe essere il Vangelo senza la Chiesa, senza i fatti cristiani, e che nulla potrebbe essere l'esegesi senza la Tradizione, che

> Ci appare ora non più come una potenza limitatrice e conservatrice, ma come una forza di sviluppo e di espansione. Per la sua fedeltà a far fruttare il talento che essa sta ben attenta a non seppellire, il suo è un ritrovare piuttosto che un conservare: non raggiungerà l'*alpha* che all'*omega*[24].

Potrebbero sollevarsi obiezioni da parte degli estrinsecisti, apparendo la Tradizione nella sua vitalità, esposta a un perpetuo movimento, a rischio di compromettere la solidità del Deposito a contatto con la mutevolezza umana. Per non correre rischi, ai loro occhi sarebbe necessario, diversamente da quanto fin qui emerso, non disprezzare il valore del pensiero stabile e delle definizioni fisse. E sempre nella prospettiva della difesa di una purezza incontaminata, trattandosi di pensieri divini, come sarebbe possibile tralasciare il pericolo che le conclusioni sull'endemico progresso possano favorire una deriva in balìa delle mareggiate delle fantasie individuali e delle illusioni soggettive? Blondel risponde che la Tradizione, mediatrice tra fatti e dogma, può contare sull'evidenza di una pratica spi-

---

[24] *Ivi*, 120.

rituale acquisita, il *discernimento*. Certo se il concetto di
«Deposito della fede» si riducesse al senso letterale delle
parole o di un testo, poco sarebbe accessibile alla mente
umana, potendone misurare soltanto l'estraneità. Come se
nutrirsi fosse solo ingoiare senza digestione. Discernere è
il verbo di un esercizio ordinato, della gradualità che assimila[25]. E non vale solo sul piano individuale, anzi, è nel
concorso di un'esperienza comune e insieme intimamente
personale. La Chiesa discerne in quanto corpo nell'unità
delle sue membra, e nei singoli che in questa esperienza
maturano il loro esserne parte. Come predicava Agostino,
riguardo la reciprocità pecore/pastori generata dall'essere
tutti di Dio: «*per voi* sono vescovo, *con voi* sono cristiano»[26]. La garanzia d'infallibilità partecipa di tutte le forze
che nel loro concerto, apprendono insegnando, e insegnano imparando, sotto l'assistenza divina:

> Senza la Chiesa, il fedele non decifrerebbe la vera Scrittura di Dio nella Bibbia e nella sua anima; ma se ogni fedele
> non portasse il suo piccolo contributo alla vita comune,
> l'organismo non sarebbe tutto vivente e spirituale. Il Magistero infallibile è la garanzia superiore e davvero soprannaturale di una funzione che trova il suo fondamento
> naturale nel concorso di tutte le forze del cristiano e della
> cristianità intera: *viribus unitis docet discendo et discit docendo semper*. E l'assistenza divina assicura lo svolgersi
> normale, indefettibile, di questa funzione essenziale[27].

La strada dell'articolata presa di parola da parte di Blondel
è quasi compiuta. Rispetto alla proposta offerta, i suoi de-

---

[25] Cf. *Ivi*, 120-122.
[26] Agostino d'Ippona, «Opera omnia», *Discorsi* V (340,1), Città Nuova, Roma 1986, 995.
[27] *Storia e dogma*, 123.

stinatari critici troverebbero difficile sottoscriverla. L'estrinsecismo, avvolto nella sua *concupiscenza gnoseologica*, gli potrebbe contestare che la Chiesa non ha bisogno di cercare la verità, non avendo nulla da apprendere, perché «una Chiesa che ha qualcosa da scoprire non è quella cui Gesù Cristo ha insegnato tutto ciò che ha appreso dal Padre». Di conseguenza «il deposito sacro sarebbe solo un meteorite, da proteggere sotto vetro», e i teologi non potrebbero far altro che rimanere schierati nella rigida guardiania, con lo sguardo immobile di chi sorveglia, in onore del giuramento prestato al «fissismo totalmente intellettuale». Ostinati nella loro autoreferenzialità, potranno finalmente trovare «attraverso la loro ragione, la ragione della loro fede»[28].

Karl Rahner, anni dopo, per l'acutizzarsi del conflitto tra diverse autorità di legittimazione scientifica in un contesto di pluralismo culturale, avrebbe segnalato il permanere del fissismo teologico e dell'auroreferenzialità come problemi ancora da debellare. Per quanto al limite dell'impossibilità di una sintesi delle conoscenze, a suo parere questa andava ugualmente perseguita evitando, però, di trincerarsi dentro una pretesa integrità autoreferenziale, riconoscendola non solo come fenomeno esterno ma pure nel suo corrispettivo interiore, cioè come questione spirituale designante uno stile di presenza infeconda nel mondo. A fronte di una "disintegrazione" e conflittualità delle dimensioni conoscitive e valutative, si domandava come si sarebbe potuto saldare il tutto frammentato in un punto unitario che potesse essere umanamente controllato; intuendo l'esigenza di svincolarsi dall'immoralità dell'isolamento cognitivo, riconoscibile dentro la trama della "dottrina della concupiscenza" definita nel Concilio di Trento: il peccato sarebbe

---

[28] *Ivi*, 123.

stato quello di dirigere il desiderio verso un sapere compiutamente unitario, autosufficiente e onnicomprensivo. In questa ripresa dottrinale adattata all'esigenza conoscitiva consegue come ammissione morale l'impossibilità di risolvere la complessità tramite l'assolutizzazione di un aspetto che corre sempre il rischio di trasformarsi in ideologia. Si para, allora, la scena di un combattimento spirituale, di una lotta istigata dalla «concupiscenza gnoseologica», che avrebbe sempre caratterizzato il cristianesimo nell'agone delle vicende umane. Come abbiamo avuto modo di vedere, sin dall'inizio esso si misura di fronte alla Rivelazione con la tentazione di esaurire nella riflessione compiuta (le formule dottrinarie), la Parola ricevuta da Dio. Lo stesso avveniva rispetto alle diverse forme di esperienze credenti nei riguardi dei mutamenti di ogni epoca[29]. Tra Parola di Dio e vita resta sempre un "implicito" in attesa, fonte di inesauribile ricerca che richiede sinergie inventive. Era, e resta la sproporzione, lo scarto, tra visione-pensiero di Dio e comprensione umana, che suppone per la teologia e le scienze in generale una confessione di «incompletezza»[30] e il riconoscimento di essere mezzi e non fini, caratterizzati dalla provvisorietà che è preludio e non deriva.

Tornando alla possibilità di una replica rispetto alle valutazioni fin qui espresse in *Storia e dogma*, tocca ora agli

---

[29] Cf. KARL RAHNER, «Riflessioni teologiche sul problema della secolarizzazione», in *Nuovi Saggi* III, Edizioni Paoline, Roma 1969, pp. 723-759; ID., «Concetto teologico di concupiscenza», in *Saggi di antropologia soprannaturale*, Edizioni Paoline, Roma 1965, pp. 281-338.

[30] L'«incompletezza» è da intendersi nella prospettiva di *Veritatis gaudium* 3 - «il buon teologo... ha un pensiero aperto, cioè incompleto, sempre aperto al *maius* di Dio e della verità» -, precondizione costitutiva di una ricerca in tensione inter e transdisciplinare, alimentata «dalla Sapienza che promana dalla Rivelazione di Dio» (cf. *Veritatis gaudium* 4c).

storicisti che irridendo l'idea che un masso, «solo per il fatto che si dimostri essere caduto dal cielo», possa divenire, trasmesso di generazione in generazione «la sola base dell'edificio spirituale o formarlo interamente», presumerebbero sufficiente *opporvi* «tutte le sedimentazioni accumulate da secoli di pensiero umano». Mentre si ignora che i dogmi

> Sono più l'espressione di una realtà continuata e sperimentata che il risultato di un lavoro dialettico sui testi... perdendosi il sentimento dell'unità di vita e di pensiero che circola sempre soprannaturalmente...Che cosa dire infatti, di tutti questi strati senza omogeneità, se non che seppelliscono il Cristo sotto dei frammenti, che si dicono fecondi, ma che lo sono come foglie morte[31]?

Il tono è divenuto grave e si fa aspro riferendosi a certi teologi - «questi zeloti, sempre pronti a segnalare i contagi protestanti e i pericoli del soggettivismo» -, facendo riaffiorare i sentimenti feriti di chi si sente costretto *in partibus infidelium*. È evidente quanto pesante sia il clima, e come doveroso è argomentare con prudenza. Ma per la misura colma traboccano pensieri che mostrano quanto ancora poco si sia compreso che *Histoire et dogme* è una difesa strenua, quanto mai attuale, contro chi pretende di assimilare il dono di Dio, l'*unico necessario*, alle proprie convenienze di sistema. Indisponibile ma allo stesso tempo riversato dentro l'azione umana, per espanderla secondo un dinamismo spirituale che traduce la Rivelazione nello sviluppo della coscienza umana. In maniera tale che, pur venendo dall'esterno, essa non può tuttavia agire all'interno che in una forza di convenienza previa, il desiderio naturale di vedere Dio, che da san Tommaso

---

[31] *Storia e dogma*, 124.

d'Aquino si consegna al Novecento inquieto, come attesa dell'*incontro*, sete e fame dell'anima, fiduciosa resa alla Luce e all'Amore, sulla traccia di Silesius:

> A rigore la nozione di soprannaturale è questa: assolutamente impossibile e assolutamente necessaria all'uomo. L'azione dell'uomo trascende l'uomo...È attesa sincera del messia ignoto, un battesimo di desiderio che la scienza umana è impotente a provocare, perché questo bisogno è un dono. La scienza può mostrarne la necessità, non può farlo nascere[32].

Il superamento del dualismo tra natura e grazia che adombra la relazione storia-dogma, permette di considerare non contraddittoria la nozione di immanenza (non l'immanentismo, e farli coincidere, superficialmente e malignamente, ha provocato tormento a Blondel, e la sua emarginazione) con il carattere soprannaturale della rivelazione cristiana, connotando trascendentalmente il dinamismo umano[33]. Ma qui siamo ancora ai presupposti di

---

[32] MAURICE BLONDEL, *L'azione. Saggio di una critica della vita e di una scienza della prassi*, Edizioni San Paolo, Cinisello Balsamo 1993, 491. «Per Blondel si aveva una sorta di quadratura del cerchio: ciò su cui si fonda il dinamismo della coscienza umana è qualcosa che lo spirito umano non possiede da sé, l'appagamento dell'amore, possibile soltanto attraverso un evento che lo stesso spirito non è in grado di porre, perché esso è il "*Dieu qui se donne*", Dio che dona se stesso», GIUSEPPE RUGGIERI, *Prima lezione di teologia*, Editori Laterza, Bari 2011, 91.

[33] Il metodo di immanenza non sostiene la convinzione che l'essere umano «possa trovare in sé e da sé tutta la verità necessaria alla vita, e che la sua salvezza provenga completamente da lui solo». Si tratta, invece, di «mettere a confronto, nella coscienza quello che noi pensiamo, vogliamo e facciamo realmente». Di conseguenza, «l'affermazione del trascendente, anche del soprannaturale, non pregiudica affatto la realtà trascendente delle affermazioni immanenti», Cf. *Lettera sull'apologetica*, 72-74. Così de Lubac: «L'idea stessa di trascendenza, anziché ridursi a quella di esteriorità, comporta necessariamente l'im-

quanto verrà raccolto dal suo pensiero (filosofico) e sviluppato da altri (in teologia).

Ora, però, dobbiamo tornare al nostro testo, e ci avrà aiutato questa ripresa della *filosofia dell'azione*. Ci stiamo avvicinando alle conclusioni che indicheranno una soluzione al conflitto di quelle tesi antagoniste ma, per certi versi, simili per gli errori che le accomunano.

V'è la questione della giustificazione dei dogmi: come abbiamo visto, si vorrebbe fornirla poggiandosi separatamente su tre «forze» probanti: solo sulla scienza storica, oppure affidandosi alla sottigliezza dialettica, non sapendo dove collocare, e in che modo, il contributo che viene dalla vita. Gli strumenti di cui dispongono, distinti e procedendo isolatamente, non potrebbero costituire il metodo adatto a garantire la poliedrica vitalità che concorre alla formazione e alla comunicazione della verità cristiana, alimentando, invece, come si è visto, diatribe. Se la Tradizione è offerta come soluzione al dissidio, è perché in essa si concentrano e vi contribuiscono tutte e tre le «forze» in una complessa genesi che ha condotto alla forma attuale dei dogmi, ma che fino a un certo punto si è svolta con «mezzi naturali, organizzati e conoscibili». Se la Tradizione è la sintesi dei fatti e delle credenze, «dovrà essere giustificata *in concreto*», studiando il dinamismo e la forma che l'ha

---

manenza: le due idee sono come intrecciate l'una con l'altra», HENRI DE LUBAC, *Ateismo e senso dell'uomo*, ora in *La rivelazione divina e il senso dell'uomo. Commento alle Costituzioni conciliari «Dei Verbum» e «Gaudium et Spes»*, Jaca Book, Milano, 1985, 217-218. E siamo così condotti a comprendere il nesso fede-vita, storia-dogma, nel rapporto tra Rivelazione e antropologia per cui il soprannaturale da credere corrisponde al soprannaturale da vivere, come si proclama in *Gaudium et spes* 22: «solamente nel mistero del Verbo incarnato trova vera luce il mistero dell'uomo».

prodotta, a partire dalla storia reale della fede, dall'esperienza umana, dal suo crogiuolo culturale e spirituale, dal dinamismo della coscienza che si dispone all'«obbedienza pratica dell'amore»[34]. Bisognerà orientarsi a partire «dalla fede ai dogmi» più che «dai dogmi alla fede», perché «in piccolo la fede individuale procede come la fede della Chiesa»[35].

L'esercizio dimostrativo della Tradizione è uno *scavo*, non quello archeologico, bensì quello necessario alla realizzazione di una galleria che permetta l'accesso alla profondità dell'esistenza. Ma c'è chi si preoccupa solo dei *muri*, assolutizzandone la funzione, quando servirebbero a garantire i passaggi aperti e il rinsaldamento delle forme con cui rappresentiamo la vita di Dio in noi:

> Lo scavo precede sempre la muratura. La permanenza degli argomenti e delle formule è solo, nelle profondità mutevoli della nostra vita e nelle oscurità del nostro andare a Dio, la muratura sempre necessaria, ma necessaria solo per mantenere i passaggi aperti e per permettere nuovi scavi che esigeranno altri sostegni[36].

La chiesa è partecipe dei fatti, dei testi, delle formule, senza esserne asservita, e dispone di una «Tradizione vitale che ne è il commento senza posa rinnovato e controllato» che ha modellato in lei, secondo la realtà divina alla quale vuole somigliare, una coscienza compiuta, una stabilità che discerne.

> Essa conserva attentamente i significati antichi, ma sempre per mostrarne l'intenzione spirituale...e i rinnovamenti intellettuali lasciano intatto lo spirito che la guida.

---

[34] *Storia e dogma*, 117.
[35] *Ivi*, 125.
[36] *Ivi*, 126, nota 15.

Essa ha vissuto ormai abbastanza perché la coscienza adulta che del suo orientamento, della sua forza, del suo ospite divino le permetta, davanti a certe esigenze dell'archeologia o della filologia, davanti a certe evidenze impreviste, di trovare in sé stessa la stabilità necessaria[37].

Se alla Tradizione si attribuisce meritoriamente un potere, «non è quello di un guardiano di museo o di archivi, di un giannizzero del serraglio». Per le prove che ha affrontato, per la sua fedeltà, «ha la dignità e l'autorità della sposa». Non potrà essere «prigioniera dei dettagli», dovrà ogni volta liberarsi da quelle «impalcature», necessarie soltanto provvisoriamente, per *proteggere lo sviluppo* della sua opera. Essa procede sinteticamente, dall'insieme alla soluzione dei dettagli, come attesta la dottrina dell'ispirazione complessiva della Scrittura. Smontare le temporanee armature non rovescia l'edificio, è un'epifania necessaria, perché siano scoperte le «proporzioni inavvertite e l'insieme granitico»[38]. Una spoliazione del superfluo che ha sostituito l'essenziale. I processi di autenticazione richiedono smascheramenti indifferibili, esercizi di libertà che fanno spazio alla voce della Parola:

> È venuto il tempo, in cui non saremo più turbati dalle conclusioni della critica su Tobia, Daniele, Giobbe o Noè, di quanto non saremmo edificati dallo sforzo di un pio zelo per trovare la tomba del Figliol prodigo, o per ammucchiare, come si faceva una volta, una «sovrabbondanza di prove circa il luogo geografico dell'Eden». Resta, indistruttibile, la verità di questo prodigio: la purezza miracolosamente ottenuta e conservata della fede nel solo Signore e Creatore, il fervore profetico dell'atte-

---

[37] *Ivi*, 126-127.
[38] Cf. *Ivi*, 127.

sa del Messia, la realizzazione divinamente sorprendente della grande promessa del salvatore e della grande speranza delle anime: qui la Bibbia appare come lo strumento in cui il soffio dello Spirito Santo ha modulato dei suoni sempre più potenti, per estendere, infine, dal Vangelo come centro, le sue parole all'umanità intera[39].

L'eco di quei suoni *trasmette* la potenza di smontare i confini e disarmare frontiere, non perdendo precisione, ma guadagnando in libertà e larghezza nel diapason del giusto modo di intendere la cattolicità, mediatrice dell'offerta universale della Redenzione. La fedeltà richiede onesta misura, di sé e di quanto ci viene affidato, nell'evidenza che la mano che dona continui a essere *più grande* di quanto possiamo trattenere: se il limite è nel contenitore non si dovrà interdire la tensione del prodigioso contenuto che per sua indole cerca e promuove larghezza crescente e libertà. La rivelazione si esprime con due tensioni, donante e ricettiva, con due diverse misure, una senza vincoli, perché appartiene al respiro sconfinato della sovranità di Dio, l'altra assegnata proporzionatamente, condizionata alla capacità *di portarne il peso* (*Giovanni* 16, 12). Queste differenti tensioni e misure, vigilano e agiscono nella reciprocità – particolare/universale - dinamizzante il senso delle realtà credute,

> Il dono sempre limitato della Rivelazione, che ha per missione di conservare intatto e diffondere, non potrebbe far dimenticare [alla Chiesa] il dono universale della Redenzione che è la divina realtà, il termine assoluto cui la conoscenza rivelata si riferisce, senza che esso resti racchiuso nei suoi limiti[40].

---

[39] *Ivi*, 128.
[40] *Ivi*, 128.

La Tradizione è ed offre «libertà, precisione e larghezza». Nell'indicare, con precisione e fedeltà, i fatti come li hanno visti i contemporanei e consegnati ai testi, non ferma il tempo, ma ricava un principio di rinnovamento che non è soggetto a come lo spirito deduttivo lo rappresenterebbe, o come i pensieri moderni lo vorrebbero: «libera l'avvenire dalle inconsapevoli limitazioni e dalle illusioni del presente». La precisione non è angustia, ma trampolino delle benevolenze divine:

> Mentre definisce più esattamente l'espressione della verità rivelata e le condizioni integrali della salvezza, può considerare con maggiore larghezza l'estensione della bontà redentrice[41].

La Tradizione in questa maniera, «sviluppando se stessa» trova in sé il modo di arginare la prepotenza della ragion sufficiente, di contenere gli eccessi delle esigenze dell'analisi storica, e di limitare la supremazia deduttiva di certa teologia. E nella sua funzione mediatrice (primariamente tra esigenze della Rivelazione e urgenze della Redenzione)[42], per le lotte che ha dovuto sostenere contro tutte le forze che hanno cercato di arruolarla a ideologie incompatibili, salvaguardando la sua direzione progressiva dall'eresia, porterà come frutto sapiente, l'evidenza dei due pericoli maggiori che la minacciano, e la consapevolezza che spesso difendendosi soprattut-

---

[41] *Ivi*, 129.

[42] Senza equilibrio e connessione tra queste due esigenze, si rischia di racchiudere l'esistenza sotto due «ordini» di realtà. Blondel, nel tono confidenziale con cui si rivolge, quasi uno sfogo, a Joannès Wehrlé, scorge la persistente insidia ad «assoggettare falsamente la *realtà* REALE dell'azione divina e redentrice alla *realtà* CONOSCIUTA, cioè all'oggettivismo più restrittivo e più rivoltante», MAURICE BLONDEL-JOANNÉS WEHRLÉ, *Correspondance*, a cura di HENRI DE LUBAC, Aubier, Parigi, 1969, I, 120.

to da uno, il *latitudinarismo*[43], si sottovaluti l'altro, l'*angustismo*. Talvolta gridare al pericolo è stato e può essere ancora il modo per ostacolare la forza conducente e progressiva – nel senso che accresce il suo senso recepito facendo crescere[44] – della verità di Dio. Il timore che il tessuto dottrinario si slabbri, e che le eventuali contaminazioni ne possano sfigurare la purezza, rischia di immobilizzare la Chiesa e di imbavagliare lo Spirito che la guida. Gli aggiornamenti, le prese di contatto tra dottrina e realtà, la verifica dell'efficacia umana e culturale, e l'applicazione della misura della proporzione (elementi necessari del processo di discernimento ecclesiale che invocando lo Spirito non deve perdere di vista i 'luoghi'), possono confusamente, essere ritenuti destabilizzanti 'allargamenti', irresponsabile assenza di rigore, e relativizzante tolleranza. All'opposto, figlia di quel timore, c'è la rigidità rigorista, che vorrebbe imporre la misura al Dio senza misura. Quindi, mentre precisa il suo affondo, ci giunge attuale quanto segue:

> Dopo aver molto a lungo infierito contro tutte le forme di *latitudinarismo* distruttivo, [la Tradizione] sentirà, nella pienezza della sua forza e nel bisogno di espandersi, che c'è un altro modo di uscire dall'ortodossia oltre a quello di essere troppo largo e di ridurre la Rivelazione, cioè di essere troppo rigido e di ridurre la Redenzione: l'*angustismo* è pure una eresia, e non è quella che ha fatto meno vuoti nella società cristiana[45].

---

[43] L'aggettivo è, insieme, un riferimento storico alla reazione antidogmatica e antipuritana nella chiesa anglicana dopo il 1660, e l'indicazione di una mentalità.

[44] La Tradizione partecipa della stessa indole della Scrittura, come abbiamo visto a proposito dell'ermeneutica progressiva: «La Scrittura cresce con chi la legge... cammina con te», GREGORIO MAGNO, *Omelie su Ezechiele* I, 7, 9; I, 7, 15-16; *Commento morale a Giobbe*, XX, 1.

[45] *Storia e dogma*, 130.

Il respiro largo dello Spirito soffia dentro i margini della Chiesa e ne dilata la sostanza, la fede, allora, riprenderà il suo posto nella vita che riconosce il dogma. L'intera dottrina ne è coinvolta. La «sintesi» della Tradizione costituisce il «metodo» che restituisce la parola a Dio e al credente. Dalla sua esistenza, «dalla sua fede vivente» di fronte ai dilemmi della coscienza, è in lui che si trovano «le soluzioni pratiche che indirizzano le soluzioni dottrinali». Come si potrebbero dunque separare scienza critica, speculazione teologica, scelta morale, mentre bisognerebbe assumerle nella loro «connessione reale»? La tentazione è quella di dividere gli approcci e di indurre autoreferenzialità, scambiandola per autonomia (che si tutela impedendo l'isolamento)[46]. Allontanando, così, la scienza dei fatti o dei dogmi cristiani dalla scienza della vita cristiana, come se «strappando il cuore alla sposa» si potesse poi chiederle «di vivere per il suo sposo»[47].

Ed è per il principio di realtà che l'azione di Cristo non potrebbe rimanere sospesa all'alternativa che spezza in due il suo mistero: o la si ritiene solo un «mezzo» per suscitare un movimento religioso, o si deposita in una *verità* che opera solo intellettualmente, riducibile a un «ideale» di cui si gioverebbero soltanto quelli che la conoscono. Mentre

> è una *realtà*, un fine così come un mezzo, che corrisponde attraverso l'Incarnazione a una missione metafisica, che soddisfa con la Redenzione a esigenze morali e sostanziali, applicabile a certe condizioni anche a coloro che ne ignorano l'efficacia[48]?

Il farsi carne del Verbo non solo coinvolge l'interezza della storia, ma la spinge a trasfigurarsi nella salvezza pro-

---

[46] Cf. *Ivi*, 136.
[47] Cf. *Ivi*, 130.
[48] *Ivi*, 131.

messa, da cui nessuno può essere escluso, pur rimanendo implicita la propria adesione. Toccati dall'Alto possiamo trovare nelle nostre domande la spinta a realizzare il Bene per cui siamo stati creati. La Chiesa assume la policromia della fantasia del Creatore che rigetta chi vorrebbe contenerla dentro appartenenze giudicanti, esclusiviste, settarie, trasformandola in una fortezza oltre cui non potrebbe esserci altro che tenebre oscure.

E, infine, è ancora per il principio di realtà che il soprannaturale non potrebbe consistere, come ritenuto dagli estrinsecisti,

> In un rapporto di nozioni fissato e imposto da Dio, senza che vi sia tra la natura e la soprannatura altro legame che un accostamento ideale di elementi eterogenei e anche impenetrabili l'uno rispetto all'altro[49].

Le considerazioni conclusive riassumono le questioni fondamentali di dottrina che hanno patito la controversia tra quelle, che Blondel ha definito, «mentalità incompatibili che feriscono la religione nello spirito e nella lettera». Nel caso del soprannaturale pensato come estrinseco al naturale, precipita la concezione della relazione non semplicemente tra storia e dogma, ma tra Dio e la fede che finisce ridotta a «obbedienza intellettuale», unica possibilità per avvicinare, nella loro intangibilità, natura e soprannatura. Nel caso degli storicisti, l'elemento divino diventa soltanto un «altro nome», tanto è concentrato nella natura, così da distinguerlo solo per segnare l'eccezionalità dell'appartenenza di alcuni a un «élite religiosa», contrapposta alla restante parte dell'umanità - ordinaria, comune - che non vi aderisce.

---

[49] *Ibidem.*

Nel soprannaturale, secondo queste opposte visioni, si mostrerebbe un «privilegio intellettuale che esiste solo, come tale, per la sua opposizione, per la sua esteriorità nei confronti dello stato comune?»[50]. Non dovrebbe, invece, essere l'eco di una chiamata, il perno di una *relazione*? Ribaltamento dell'ordine che divarica, e distingue per separare. Il cristianesimo, infatti, introduce

> Un ordine nuovo in cui il servo può diventare amico, fratello, anzi di più, *tanquam Deus Dei*, e che mette, per grazia, nel cuore di ogni uomo, se non tutto lo spirito di adozione perduto con la colpa originale, almeno l'inquietudine profonda, il bisogno misterioso dell'anima[51].

La fede è questione di relazione che si promette nell'intimo, per una chiamata di grazia che non potrebbe negare il suo tocco, trattandosi di scavare nel presentimento ferito della creatura, incidendo sul desiderio naturale: un vincolo primigenio d'amore. Precisa Blondel:

> Si è spesso trascurato che, anteriormente alla grazia abituale e alle grazie attuali o prevenienti, vi sia un'altra grazia, una vocazione primaria, uno stato che deriva dalla perdita del dono iniziale, ma come un bisogno e come un'attitudine a riceverne la restituzione[52].

Siamo giunti al problema su cui tutto si appunta, quello della relazione, in Cristo, dell'uomo e di Dio, e di Cristo con ciascuno di noi, dove «le mezze soluzioni» non sareb-

---

[50] *Ivi*, 131-132.
[51] *Ivi*, 132.
[52] *Ibidem*, nota 17. Ritorna il tema del presentimento religioso, dell'attitudine interiore precedente la forma compiuta della fede, del movimento di ricerca «tra ombre e sotto le immagini», dentro una logica rivelativa di salvezza che si dispone universale chiamando 'discretamente', che precorre quanto, ad esempio, inquadrato in *Lumen gentium* 16, e *Dei verbum* 7.

bero sufficienti. Un punto prospettico come quello della
«coscienza personale» del figlio di Dio, mostra come delicato sia tenere la saldatura tra umanità e divinità in lui.
Procedere separatamente, con la dogmatica, l'esegesi e la
storia che non stabiliscono la loro connessione, risulterebbe inefficace. Potrebbero bastare le nozioni astratte? «Non
c'è sottigliezza che tenga» se salta il ponte reale in ogni
anima della sua presenza viva: riflesso della verità che Cristo è riconosciuto *in* due nature *senza confusione, senza
cambiamento, senza divisione, senza separazione*, come
insegna il dogma di Calcedonia. Il dogma verificato nella
vita credente che sperimenta la verità dell'«assunzione del
finito da parte dell'infinito»[53].

La storia è verifica in atto del dogma, e il dogma è verità
della vita assunta. La sintesi del dogma e della storia può
dimostrarsi nell'analisi teologica e storico-critica, proprio
perché

> Vi è stata nella vita fedele, sintesi del pensiero e della
> grazia, unione dell'uomo e di Dio, riproduzione nella coscienza individuale della storia stessa del cristianesimo[54].

E ora, le conseguenze diventano ardite non per la presunzione del pensiero, ma perché vertiginosi sono gli esiti del
nesso potente, unico veramente efficace, che pone la Rivelazione nell'ordine della Redenzione: una verità che genera
salvezza liberandosi dalla morsa dell'orgoglio intellettualista.
Che deve supporre la cultura, *attraversarla* fissandovi il suo
sacramento; che deve realmente vincolarsi all'esistenza senza
perdere la consistenza della relazione che non potrebbe mai
essere fusione. Se questo si realizza, *confessa* la sua fede:

---

[53] *Ivi*, 134.
[54] *Ivi*, 137.

Se noi esistiamo attraverso di lui, egli in un certo senso esiste attraverso noi; egli è letteralmente il Figlio dell'Uomo, e se la creazione deriva la sua consistenza dalla conoscenza e dalla volontà amorevole del Cristo, il Cristo ha la sua realtà singola di essere contingente, per l'universale compimento di ogni vita e di ogni essere creato in lui. Invece dunque di dover abbassare la divinità o ridurre l'umanità del Cristo per proteggerle l'una dall'altra, forse divenendo più profondamente consapevoli della loro realtà e vicinanza, scopriremo il segreto della loro unità in Lui e della loro unione soprannaturale in noi[55].

Di fronte a due tesi incapaci di correggersi e limitarsi da sole, di collaborare completandosi l'una con l'altra, un'idea di Tradizione ricavata dalla filosofia dell'azione per mostrare un cristianesimo «più concreto e più universale», avrebbe avuto il proposito non di annientare gli opposti metodi ma di «rianimarli». Restano però difficili da sanare proposte di un cristianesimo «così divino che non ha più nulla di umano», o così implicato «nelle contingenze storiche e nelle costruzioni naturali» da lasciare quasi solo una sensazione, un senso indiretto, l'idea di una «divinità diffusa». La scienza storica e la teologia devono attraversare la loro crisi e misurarsi con il valore della dimensione pratica in tutta la sua densità teoretica, perché «i dogmi sono stati tratti dalla realtà», tenendo conto, e mai si potrebbe ritenerlo inattuale, del «consenso di tutti gli esseri che praticano la stessa vita e partecipano a uno stesso amore»[56]. Per questo motivo nessuno potrebbe arrogarsi il diritto di tenere separato quanto deve mostrare e dimostrarsi nell'u-

---

[55] *Ivi*, 135.
[56] Si abbozza qui la relazione tra *sensus fidei*, coi suoi soggetti, Chiesa e singolo credente, e *consensus fidelium*, cf. COMMISSIONE TEOLOGICA INTERNAZIONALE, *Il* sensus fidei *nella vita della Chiesa*, (2014), 3.

nità. O giustificare con l'erudizione e la dialettica l'unione dei fatti e delle credenze «come se ogni ragione conducesse da sola il suo lavoro dogmatico». Non si potrà

> Mettere i fatti da un lato, e i dati teologici dall'altro, senza risalire fino a queste sorgenti della vita e dell'azione dove si trova l'indivisibile sintesi di cui i fatti e le formule sono stati soltanto una doppia e fedele traduzione in linguaggio differente[57].

La teologia e l'esegesi potranno acquisire «la pratica collettiva del Cristo verificato e realizzato in noi», creduto nella continuità progressiva, traccia della biografia collettiva del dogma dell'incarnazione. Per questo hanno bisogno di ricorrere alla funzione mediatrice della Tradizione, intesa come «scienza dell'azione», che ha in sé la capacità di contenere e mostrare la lezione che la vita trae dalla sua storia di fede[58].

Potremo, allora, congedarci dalla terra intrisa di logica totalizzante. Scoprendo che la storia è il *medium* sacramentale attraverso cui siamo ricondotti alla relazione con il Dio vivente. Ciò che cambia non è soltanto il senso di Dio nella storia, ma pure la storia che diventa la nostra casa e il nostro esilio, la nostra identità e la nostra estraneità, la nostra padronanza e il nostro abbandono.

---

[57] *Ivi*, 136.
[58] *Ivi*, 137.

EPILOGO

La radice che conduce

Il progresso della Tradizione per Blondel è una necessità della vita di fede della Chiesa, che attinge sempre e di nuovo alle sorgenti, come l'albero cresce stabilendosi nella profondità delle sue radici che si allungano (metafora della storia) cercando la fonte.

La Tradizione gravida com'è dei *fatti* che sacramentalmente contiene e rilascia, si emancipa dall'essere strumento di soggezione, mentre in taluni, ancora oggi, permane l'istinto di brandire minacciosamente formule e dottrine. Può mostrare, così, la convivialità dei generi, la connaturalità con la storia che non può svaporare nella sproporzione rispetto a quanto dall'Alto si propone per elevarla. La vita si offre alla dottrina come criterio inverante, unificando nella fede ritrovamento e scoperta. La proprietà generativa dell'esistenza assicura la continuità della trasmissione[1]. Dal profondo della Tradizione traspare l'incontro tra l'inesauribile vita di Dio e l'esistenza umana. Storia e futuro in Dio, passato, presente e progresso, si integrano sacramentalmente, coinvolgendo in Cristo origine e destino, trasfigurazione della vita che tende alla pienezza. La

---

[1] Cf. LUIS ALONSO SCHÖKEL, *Il dinamismo della tradizione*, Paideia, Brescia 1970, 192.

Tradizione partecipa di questa tensione, che la caratterizza e definisce, effetto del suo carattere escatologicamente ecclesiale. Per questo motivo essa non potrebbe ridursi a collezione di insegnamenti il cui respiro sarebbe soppresso nella mera conservazione: è Tradizione vivente rilevabile come esperienza sempre in atto, germinante, più simile a un organismo vivente che a una esposizione di verità cristallizzate, che di generazione in generazione fa passare da un implicito vissuto all'esplicito conosciuto. *Krónos* e *Kairós* si avvicendano compenetrandosi, si mostrano e dimostrano nel fatto cristiano realizzando una teologia della storia. L'*azione* «sopravanza» la ragione formulata[2] divenendo *luogo* e *segno* del *Kairós*, a sua volta sospinta a superarsi nella prospettiva di senso donata: la Rivelazione è promessa che si invera nella pratica. La Rivelazione suppone la necessità ermeneutica, riversandosi come parole in progresso conoscitivo, dogma nella storia che nella prospettiva sacramentale mostra quanto essa partecipi dell'impulso trasformativo dell'azione divina. Dunque la Tradizione si dona nei fatti come esperienza ermeneutica in cui il dogma (mezzo e non fine)[3] e la storia si comprendono (*cum-prehendere*) reciprocamente, forma sacramentale che *informa*, sostenendo e spingendo la fede della Chiesa verso il suo futuro in Dio. Essa è appello alla

---

[2] Spazio privilegiato di questo «superamento» è quello dell'azione liturgica, cf. ANDREA GRILLO, «L'azione rituale, ovvero ciò che precede e sopravanza la ragione. Sacramenti e liturgia nell'insegnamento teologico», in ASSOCIAZIONE TEOLOGICA ITALIANA, a cura di GIOVANNI TANGORRA e MARCO VERGOTTINI, *Sacramento e azione. Teologia dei sacramenti e liturgia*, Glossa, Milano 2006, 179-192.

[3] Cf. MICHAEL SEEWALD, *Il dogma in divenire. Equilibrio dinamico di continuità e discontinuità*, Queriniana, Brecia 2020, 236-244. Ulteriore prova, la lettura di questo saggio, di quanto Blondel resti fecondatore *implicito* della teologia contemporanea.

relazione con Cristo (*Lumen gentium* 1), in tensione storico-salvifica, dove i soggetti scoprono d'essere parte di un popolo in cammino verso la trasfigurazione della vita in Cristo, «perché Dio sia tutto in tutti» (cf. *1Corinzi* 15, 24-28). Secondo questa linea escatologica il dogma *vive* di una «provvisorietà» che è *preludio*. Il modello del rapporto tra dogma e storia, segue quello della relazione tra Scrittura e Cristo, che la annuncia e realizza in sé, per cui «la verità escatologico-definitiva di Cristo diviene evento»[4] che nessuna formulazione può esaurire.

La conoscenza è carne, è vita, è discernimento (*Gaudium et spes* 11), ha bisogno del respiro dell'attesa, si nutre di visione, legittima le sue aspirazioni nella forma plurale, di un popolo che cerca i segni di Dio, dove la scoperta è sempre un ritrovamento fedele, in ogni tempo. Non omologandosi alla convinzione che la forma più adeguata alla verità rivelata si trovi indietro, contrapponendo, da una parte Scrittura e Chiesa (storicismo), e dall'altra Verità e Storia (estrinsecismo), separate senza continuità delle une nelle altre.

Necessario sarà attraversare il disincanto di non bastare a sé stessi: nessuno comprende da solo, nessuno crede da solo, nessuno si salva da solo, ognuno scopre di essere in debito. E quindi la Tradizione porta in sé il valore umile di un credere solidale che si promana nel lento, progressivo, comune, non autosufficiente andamento dell'evidenza che la verità divina ha una natura germinativa inesauribile. La Chiesa, allora, risulta dell'insieme e del sostegno alla fedele partecipazione a questo progresso nella sinergia di Scrittura e Tradizione. Il suo magistero, infatti è garanzia e

---

[4] WALTER KASPER, *Il dogma sotto la parola di Dio*, Queriniana, Brescia 1968, 148.

compagnia della fede nella vita che corrisponde alla parola di Dio, custode del valore della relazione che la sostanzia soprannaturalmente corrispondendo allo Spirito divino, e nella cooperazione di ognuno con tutti.

Al centro di *Storia e dogma* si è posta una questione di metodo, quello applicato da alcuni esegeti, ma sullo sfondo emerge il vero problema che accomuna anche gli estrinsecisti, che è quanto spazio si voglia assegnare alla vita di Dio, alla realtà della Chiesa con la dottrina che custodisce nella sua pratica testimoniale, alla storia e alle sue inestricabili connessioni di tempo ed eternità. Concatenazioni tenute attive in tensione tra un principio e una fine, cristologicamente, quindi, nel fine. La tenuta lunga, organica, di questa vita sottende una necessità che non potrebbe essere elusa da chi indaga storicamente, portato a esaminare l'evento come frammento nella sola esteriorità, senza una radice interiore che conduca e ricordi, ostaggio di un determinismo senza interiorità. Fede e storia, interiorità ed esteriorità non possono pensarsi come incompatibili, e non possono applicarsi solo lungo un'unica direzione, *o* da Dio ai fatti, *oppure* dai fatti a Dio, ma nella loro inclusione e reciprocità. Per questo si propone una storicità che sappia valutare la rilevanza del soprannaturale, disinnescando l'istinto dualista, e operando a favore di una relazionalità capace di conciliare i presunti opposti, attraverso la necessaria *sintesi* della Tradizione. La fede, in quanto *vita di fede*, viene assunta come criterio ermeneutico, la cui radicalità non è meno audace della ragione. Con le spalle al muro, si sarebbe stati costretti a scegliere, nell'opposizione tra storia e dogma, tra una storia senza Dio e un Dio senza storia.

Blondel ha cercato una *mediazione*, per non sacrificare una parte a favore dell'altra, e la trova nella sapienza che proviene dall'incarnazione del figlio di Dio, generante

EPILOGO – LA RADICE CHE CONDUCE

nella fede, una Tradizione viva e vitale. *Storia e dogma* prospetta la Tradizione partecipe di una visione escatologica cosmica e sociale[5], spezzando l'individualismo salvifico. In essa si manifesta una forza conduttrice che è la promessa di salvezza, interiore determinazione della storia. Vi sarebbero, allora, delle conseguenze per la teologia che comprometterebbe la sua missione se elaborasse solo per «collegamento teorico» senza attingere a una *pratica* che leghi i fatti ai dogmi, e i dogmi alla fede; compiaciuta nel sistema, in ostaggio tra ipotesi e deduzioni che hanno approfondito il solco tra le idee e l'esistenza. Bisogna liberare la Tradizione, questo è l'appello che si raccoglie dalle pagine di Blondel, dalla prigionia dei dettagli, dalle maschere limitate che la sfigurano: dalla fissità distruttiva che è l'ossessione di molti – il fissismo «eresia virtuale» –, e dalla pretesa di quelli che procedendo per 'rotture', la eleggono a luogo del nuovo necessariamente contrapposto al vecchio[6], secondo una teoria di evoluzione indefinita.

---

[5] La visione (che unisce l'origine al suo fine nella prospettiva di una storia salvata) è pregnanza sacramentale, secondo quanto indicato da FRANCESCO in *Laudato si'*, 80, «Lo Spirito di Dio ha riempito l'universo con le potenzialità che permettono che dal grembo stesso delle cose possa sempre germogliare qualcosa di nuovo»; e 233, «L'universo si sviluppa in Dio, che lo riempie tutto. Quindi c'è un mistero da contemplare in una foglia, in un sentiero, nella rugiada, nel volto di un povero. L'ideale non è solo passare dall'esteriorità all'interiorità per scoprire l'azione di Dio nell'anima, ma anche arrivare a incontrarlo in tutte le cose».

[6] Non è irrilevante la sottile influenza della convinzione di una Chiesa «invecchiata», con le su verità ormai «scadute», contenuta nella Proposizione 95, estratta dalle *Réflexions morales sur le Nouveavu Testament* di PASCASIUS QUESNEL, condannate dalla Bolla contro l'eresia giansenista, *Unigenitus Dei Filius*, (1713) di Clemente XI: «Le verità sono scadute a tal punto, da esser diventate un discorso quasi estraneo per la maggior parte dei cristiani, e il modo della loro predicazione è come un

Sarebbe necessario, di conseguenza, fare apparire la paradossalità della sua «completezza» *in attesa*, nel senso di un dinamismo ermeneutico aperto; la funzione vitale di collegamento e continuità organica; la fecondità originale, non riducibile completamente ad espressione intellettuale. Se Dio non si lega ad alcun sistema, non saranno i sistemi a sostituirlo riducendo la sua verità a fondamento di una «religione di pergamene e scribi». Se la Tradizione è la sintesi dei fatti e delle credenze, dovrà essere giustificata *in concreto*, studiando il dinamismo e la forma che l'ha prodotta, a partire dalla storia reale della fede. Le «impalcature», le formule, figlie del tempo e strumentali per contenere il *segno continuo* della voce di Dio, sono necessarie *provvisoriamente* per proteggere il suo sviluppo interpretativo - «ermeneutica pellegrina»[7] -, custodendone l'integrità. Ogni stagione ecclesiale in permanente relazione al Vangelo dovrà accettare la spoliazione del superfluo che ha coperto l'essenziale. La teologia oggi, come ieri, è chiamata ad attraversare la crisi che la spoglia e spossessa, riconoscendola come pungolo d'inquietudine.

La teologia al tempo di Blondel si trovava aggrovigliata nella distinzione di natura e soprannatura, un termine *reattivo*, «la sola parola si erige come uno spauracchio»[8]. Alle spalle c'era stato il baianismo cinquecentesco da cui

---

dialetto sconosciuto; è del tutto lontano dalla semplicità degli apostoli, e al di sopra della comune comprensione dei fedeli; e non si avverte in modo adeguato che questo difetto è uno dei segni massimamente sensibili della vecchiaia della Chiesa e dell'ira di Dio sui suoi figli (*1Corinzi* 14, 21)».

[7] Cf. FRANCESCO, *Discorso ai fedeli della Chiesa di Roma* (18 settembre 2021).

[8] MAURICE BLONDEL, «Le clef de voûte du système cartésien» (1937), in *Dialogues avec les philosophes*, a cura di HENRI GOUHIER, Aubier, Parigi 1966, 213.

derivò il giansenismo, per cui la grazia sarebbe parte integrante della natura umana, dovuta e non gratuita, persa con il peccato originale così da impedire qualsiasi *naturale* scelta di bene. E poi ci si era dovuti misurare con l'immanentismo ottocentesco, che assorbiva tutto nel soggetto, così che il divino appariva scaturire dal sentimento, e la Rivelazione, pensata in funzione della coscienza individuale, rischiava di modellarsi ad essa, perdendo la sua immutabilità. Rispetto a queste derive teologiche, il dualismo su «due piani» era parso

> Necessario per assicurare la gratuità assoluta del dono divino... In realtà esso proveniva piuttosto da una rottura della sintesi dommatica tradizionale, come era stata elaborata dai grandi scolastici, in particolare da san Tommaso d'Aquino. Questi, ad esempio, non avrebbe mai parlato, come ci si è messi a fare di lì a un secolo, di una «supernatura», precisamente perché il suo pensiero era ben lontano dalla teoria dualista[9].

Volendo proteggere il soprannaturale da ogni riduzione e contaminazione, si era finito per separarlo dalla vita, mimetizzandolo in una sovrastruttura che esiliava il carattere vivente della verità. Persa la sua interiorità evangelica, il cui cuore coincideva con la gratuità del dono di Dio offerto per unire quanto risultava diviso, l'annuncio come avrebbe potuto continuare a trasmettere il suo contenuto di buona notizia? Di fronte all'ostinazione con cui si imponeva un duplice ordine che obbligava due diverse finalità, lacerando l'essere umano, per favorire il necessario convergere di natura e soprannatura si affermerà un ordine

---

[9] Henri de Lubac, *Ateismo e senso dell'uomo*, ora in *La rivelazione divina e il senso dell'uomo. Commento alle Costituzioni conciliari «Dei Verbum» e «Gaudium et Spes»*, Jaca Book, Milano, 1985, 255.

solo, quello della Redenzione, inglobando le distinzioni e le possibili opposizioni nella diversificazione dei livelli di analisi. Il contributo di Blondel fu determinante, anche se venne lasciato nascosto. Si generò una posterità col nome del padre coperto, che continuò a lavorare sulla concordanza tra Rivelazione e interiorità, tra azione gratuita divina e desiderio umano, tra oggettività e storicità del fatto cristiano[10]. Vale quanto espresso da Congar a proposito del Concilio Vaticano II:

> Se dovessimo caratterizzare con una parola l'approccio teologico del Concilio, evocheremmo l'ideale della conoscenza proposto da Maurice Blondel e che egli ha rivendicato contro quello che ha chiamato, in modo alquanto strano, 'monoforismo', vale a dire una concezione cosificata di conoscenza[11].

Per i temi affrontati in questo libro le tracce di Blondel sono particolarmente chiare in *Gaudium et spes* per il rapporto che si stabilisce tra Rivelazione e antropologia e tra grazia e cultura; e in *Dei verbum*, soprattutto dove al capitolo II si tematizza la trasmissione della divina Rivelazione, che veniva ancora insegnata presentando il Deposito della fede come catalogo di verità senza tempo e intangibili, e la Tradizione come serie di proposizioni corrispondenti, implicando la Chiesa nell'esercizio di conservazione. La Costituzione conciliare, invece, pone in corrispondenza l'autocomunicazione divina (2) con la

---

[10] È emblematico che nei documenti del Concilio Vaticano II e nella enciclica *Fides et Ratio* (1998), per il dialogo della Chiesa con la filosofia, pur essendoci molti riferimenti allusivi al suo pensiero, Blondel non venga mai esplicitato.

[11] YVES MARIE-JOSEPH CONGAR, in «Informations Catholiques Internationales», n. 255 (1966), 13.

disposizione alla trasmissione (7). La Rivelazione viene esposta principalmente come un'azione che cerca una relazione, molto distante dalla sua riduzione a formule scritte o tramandate. Dunque la vita è il suo luogo, la vita dei credenti, della Chiesa, e l'organicità progressiva la sua forma. È ancora Congar a dimostrare l'influenza di Blondel, assorbendo e rielaborando il suo contributo:

> La Tradizione non è pura trasmissione meccanica di un deposito inerte. Essa implica nella sua stessa nozione la consegna d'un oggetto da un possessore, e quindi il passaggio da un essere vivente ad un altro essere vivente. Viene *ricevuta* in un *soggetto*, e tale soggetto è *vivente*.
> Un soggetto vivente mette necessariamente qualcosa di se stesso in quel che riceve. Con lui, un insegnamento, sia esso fatto con la parola o con l'esempio od anche con un libro scritto, assume sempre un certo carattere di dialogo. La parola, anche se è scritta, include nella sua natura medesima un valore d'incitamento e di appello indirizzato all'altro, l'ascolto. Un messaggio, ed il messaggio apostolico più di qualsiasi altro, è destinato a qualcuno *affinché* questo qualcuno ne viva[12].

L'umanità che accoglie la relazione con Dio è, secondo l'immagine del *Salmo*, «come albero piantato lungo corsi d'acqua, che darà frutto a suo tempo» (1,3). Le radici si allungano per alimentarsi e contribuire alla realizzazione del frutto che verrà, nel susseguirsi delle stagioni. La relazione con l'acqua è figura di quella con Dio, che è possibile in crescita, *nello sviluppo che cerca la sua fonte*. La radice sorprendentemente conduce, mentre siamo abituati a pensarla come qualcosa che salda e stabilizza. Tutto quello che è vita partecipa ed emana un dinamismo incessante.

---

[12] YVES MARIE-JOSEPH CONGAR, *La Tradizione e la vita della Chiesa*, 114.

Lo abbiamo potuto vedere seguendo Blondel *contrastare la rigidità* conseguenza delle ossessioni fissiste, ma lo possiamo verificare anche se solo per accenni, su alcuni esempi della posterità del pensiero blondelliano (altri sono sparsi nei capitoli precedenti), che ha germinato altri pensieri, riflessioni che si alimentano alla comune radice che conduce la Chiesa nella storia verso il Regno.

Tra i diversi testimoni di questa *posterità*, prendiamo tre autori che condivideranno l'esigenza di recuperare e rafforzare l'idea della compenetrazione tra realtà terrestre e grazia divina: Henri de Lubac, Karl Rahner e Bernard Lonergan. Tre nomi a loro volta generativi, che hanno inciso nello sviluppo della teologia contemporanea: de Lubac - *Soprannaturale* (1946) e *Il Mistero del soprannaturale* (1965) - chiarifica che la distinzione degli ordini (*duplex ordo cognitionis*)[13] non possa ridursi a separazione, precisando che l'ordine della natura trova il suo centro e il suo senso nel soprannaturale, e che il *desiderium naturale videndi Deum* non è un accidente, non è estrinseco, ma inscritto nel più profondo della natura umana; Rahner - *Udi-*

---

[13] Cf. Costituzione dogmatica *Dei Filius*, 2 (Concilio Vaticano I, 24 aprile 1870): «La Santa Madre Chiesa professa ed insegna che Dio, principio e fine di tutte le cose, può essere conosciuto con certezza al lume naturale della ragione umana attraverso le cose create; infatti, le cose invisibili di Lui vengono conosciute dall'intelligenza della creatura umana attraverso le cose che furono fatte (*Romani* 1,20). Tuttavia piacque alla Sua bontà e alla Sua sapienza rivelare se stesso e i decreti della Sua volontà al genere umano attraverso un'altra via, la soprannaturale, secondo il detto dell'Apostolo: "*Dio, che molte volte e in vari modi parlò un tempo ai padri attraverso i Profeti, recentemente, in codesti giorni,, ha parlato a noi attraverso il Figlio*" (*Ebrei* 1,1-2)»; cf. JAVIER SÁNCHEZ CANIZARES – GIUSEPPE TANZELLA-NITTI, «La Rivelazione di Dio nel creato nella teologia della Rivelazione nel XX secolo», in *Annales theologici* 20 (2006), 289-335.

EPILOGO – LA RADICE CHE CONDUCE

tori della parola (1941) -, sposta la questione dal desiderio alla costitutività, per cui alla creatura umana l'esistenza di Dio è nota in maniera soprannaturale. Dunque il soprannaturale è intrinseco all'umano, condizione di un'apertura-a-scolto della parola più alta che determina una disposizione positiva alla salvezza: esistenziale soprannaturale; Lonergan - *Il Metodo in Teologia* (1972) - sulla linea del dinamismo conoscitivo e volitivo di autotrascendenza fondato sul domandare che mira al bene, col pungolo della convinzione del primato divino, secondo *Romani* 5,5, l'amore di Dio riversato nel cuore dallo Spirito Santo, serra i livelli della coscienza intenzionale sui sentimenti, *apex animae*, che corrispondono al dono di grazia. Come potrebbe avvenire per l'innamoramento, occasione di un nuovo inizio (precedente il conoscere, ma rimotivante convinzioni e azioni), insieme *initium fidei* per grazia di Dio ed esercizio di libertà verticale. L'amore sarebbe l'unica realtà allo stesso tempo vincolante e liberante che rende umili e docili. Accadrà, allora, che, nel penoso progresso della conoscenza, teso nell'avanzamento verso l'interiorità che distingue criticamente senso comune e teoria, si esca dal linguaggio ordinario per entrare in una totalmente differente apprensione scientifica della realtà. La fede colloca gli sforzi in un universo amichevole, è connessa con il progresso umano, avendo in comune l'autotrascendenza conoscitiva e morale.

Sono queste le premesse e gli esiti ancora promettenti del lascito di *Storia e dogma*: equilibrare e recuperare quanto pensato in autorità alla libertà perché «i vincoli con cui la Chiesa sembra imprigionarci non mirano che a liberarci»[14], stabilendo l'importanza dei fatti della storia

---

[14] HENRI DE LUBAC, *Meditazioni sulla Chiesa*, 162.

nella tensione unitiva tra i diversi piani della conoscenza, riconquistando l'essere vivente-dialogante di Dio nel tempo, per la vita, oltre la morte. Storia e dogma nella loro relazione esprimono la salvezza di Dio. La Tradizione tra loro, sintesi e mediazione, è memoria e apertura al tempo salvato, testimone del mistero presente nel mondo, coinvolgente generazioni che «si sostengono di fronte a Dio», la cui traccia è speranza. La teologia, allora, avrà il compito di favorire «la solidarietà della speranza, che non esclude nessuno dalla salvezza», nell'impasto dell'esistenza:

> Sperare non è certamente la stessa cosa che sapere. Sperare significa vivere in una certezza ultima, piena di fiducia, e agire nella ferma convinzione che ogni vita umana giungerà al suo fine buono, beato, poiché Dio ha rischiato il massimo per l'uomo[15].

In attesa di giungere al suo fine buono e beato l'umanità esprime la propria speranza operando nel mondo perché possa conformarsi all'orizzonte verso cui tende: sperare non potrebbe limitarsi a pensare. Il cuore inquieto sostiene la fatica delle visioni lunghe, nell'equilibrio spesso difficile tra pazienza e impazienza. La strada che unisce origine e compimento è non poche volte interrotta da crisi salutari che permettono, nonostante le sofferenze che comportano, di purificare le intenzioni e di riprendere la rotta che non sarà mai sicura se la cercheremo rassicurante. Spesso si invocano riforme affidan-

---

[15] GISBERT GRESHAKE, *Vita - più forte della morte. Sulla speranza cristiana*, Queriniana, Brescia 2009, 184-185. La «solidarietà della speranza» per Blondel imprime uno stile inclusivo senza separazione e confusione, valevole sul piano speculativo - «la solidarietà delle scienze giova alla loro legittima autonomia» - e dell'annuncio ecclesiale: «La chiesa non si accontenta di offrire al mondo un deposito bruto: essa incoraggia, essa pratica la probità intellettuale che ascolta tutti i testimoni e si rischiara a tutte le sorgenti di luce», *Storia e dogma*, 129, nota 16.

dosi a ricette che presentando i giusti ingredienti dimenticano le proporzioni, scombinano le misure, non calcolano bene i tempi di preparazione e i gradi di cottura.

Il 5 novembre 1905 Antonio Fogazzaro pubblica *Il Santo*, un romanzo che ritrae le diffuse aspirazioni di riforma della Chiesa, dando vita, in forma narrativa, ai molti temi che hanno agitato gli animi tra la fine dell'Ottocento e l'inizio del Novecento, segnando la stagione del Modernismo religioso con i suoi effetti politici e sociali. La messa *all'Indice* del libro da parte del Sant'Uffizio il 5 aprile 1906, anticipa la condanna del Modernismo (1907). Il protagonista, Pietro Maironi, incorpora il messaggio che la fede è necessaria, ma che essenziale è *viverla* radicalmente. Egli dopo la morte della moglie compie la scelta religiosa assumendo il nome di Benedetto, dedicandosi ai malati e ai poveri, e predicando con vigore la necessità di espellere i mali che tormentano la Chiesa. Fino ad arrivare al Papa, quando in un colloquio segreto (per l'ostilità che la sua missione fomenta nella Curia), sulla scia delle *Cinque piaghe* di Antonio Rosmini, riepilogate in quattro "spiriti maligni", espone la sua severa critica, implorandolo di farsi presto promotore di una riforma del *corpo malato* della Chiesa. L'ultimo spirito maligno, abile a trasfigurarsi in angelo di luce, è l'immobilità. Suoi zelanti servitori sarebbero gli idolatri del passato, che tutto vorrebbero immutabile, compreso i flabelli. Tommaso Gallarati Scotti descrive Fogazzaro simile al suo personaggio, «un ondeggiare perenne tra la terra e il cielo»[16], in lotta tra spirito e sensi; attratto dal letteralismo evangelico e dai

---

[16] TOMMASO GALLARATI SCOTTI, *La vita di Antonio Fogazzaro. Dalle memorie e dai carteggi inediti*, Mondadori Editore, Milano 1934, II ed., 72. La prima edizione (1920) fu messa all'Indice.

nuovi studi di critica biblica utili, ai suoi occhi, a liberare l'*essenza* soffocata dal cumularsi di non essenziali e talvolta contraddittori rivestimenti. Per questo motivo «il suo pensiero permeabile ad ogni influsso, capace di entusiasmi e di interessi sempre nuovi...è, sul piano culturale, quasi lo specchio di tutta un'epoca»[17]. Egli segue con interesse le istanze riformatrici della cultura tedesca, e temperandola con lo studio continuo di Rosmini, viene attratto dalla filosofia di Blondel. Ma più di ogni altra cosa, lo appassiona la lettura di Loisy, convinto che per la riforma religiosa sia decisivo un approccio storico-critico alla Scrittura, secondo l'opinione ricorrente nel cristianesimo che riformare sia opera di forti, rassegnandosi a che possano perdersi i piccoli: «Bisogna conoscere la critica biblica. Infatti la notizia dei risultati sicuri degli studi biblici, se può uccidere una fede debole, rinvigorisce invece la fede forte, allarga e approfonda il concetto divino, e quindi efficacissima a preparare quella evoluzione dell'*intelligenza* del dogma che i tempi domandano»[18]. Eccoci di nuovo di fronte a un bivio. Qui non si dovrà scegliere tra un mondo senza Dio o un Dio senza mondo. O forse sì, la questione che stiamo per porre, ne risulterebbe conseguente, trattandosi di valutare come stare *nel* mondo, riconoscendosi parte di un popolo solidale che cammina, non lasciando dietro nessuno, verso la salvezza che non possiamo darci da soli. Le inquietudini

---

[17] Pietro Scoppola, *Crisi modernista e rinnovamento cattolico in Italia*, Il Mulino, Bologna 1961, 171.

[18] Antonio Fogazzaro, *Lettere scelte*, a cura di Tommaso Gallarati Scotti, Mondadori Editore, Milano 1940, 498. La lettera, del 1902, è indirizzata a Monsignor Geremia Bonomelli (1831-1014), che fu vescovo di Cremona, promotore della conciliazione tra Stato e Chiesa, sostenitore della necessità di armonizzare dignità e tutele del lavoro con un "capitale responsabile", e fondatore dell'Opera di assistenza agli emigrati italiani

ci accompagneranno fino alla fine dei tempi. Di fronte alle mareggiate che scuotono la barca, si potrebbe fare come Giona e buttarsi in acqua. Inghiottito da un grande pesce sarà vomitato alla missione da cui stava scappando. Quanta resistenza opponiamo alla voce di Dio. Anche questo tempo richiede un ripensamento critico, e domanda alle persone, più che alle strutture, conversione, senza la quale non potrebbe esserci autentica riforma. Il desiderio di riforma e i suoi affluenti hanno ingrossato il lungo fiume della storia cristiana dove non sono mancate esondazioni e secche. Che ne è stato dei piccoli e dei poveri? Come tra storia e dogma non si tratta di scegliere, ora, tra deboli e forti, selezionando una specie invincibile, ma di salvarsi insieme. Non potrebbe esserci riforma che selezioni la specie, mettendo verità contro verità, Dio contro Dio, con ermeneutiche in continuo conflitto. Si potrebbe giudicare meno rischioso, gravido di conseguenze com'è, piantarsi su un punto e non fare niente, idolatrando il passato? L'opera di Fogazzaro, certamente non il libro migliore che abbia scritto, venne avversata dai cattolici dell'immobilità e della concupiscenza gnoseologica: «Non è la Chiesa che ha bisogno di essere riformata, bensì la società che non ascolta la Chiesa…Non è la Chiesa che deve adattarsi alla società, ma la società che deve sottomettersi alla Chiesa depositaria infallibile di Verità che gli uomini devono da lei ricevere ed imparare»[19]. Resta assodato il fatto che «co-

---

[19] «"Il Santo" di Antonio Fogazzaro», *Civiltà Cattolica*, 1905, IV, 595-607, 607. È interessante estendere la citazione fino alle conclusioni, espressive di un antagonismo che non lascia nessuno spazio al fermento inquieto, ribadendo una fede come soggezione, e la permeabilità assoluta di una Chiesa irriformabile in quanto perfetta in tutte le sue componenti: «Mentre le letterature straniere ci danno esempio di splendide opere che studiano le vie del ritorno delle menti dall'orgoglio dell'incredulità alla soggezione

loro che sono responsabili d'un ordine non vedono di buon occhio troppi problemi sul tappeto. La novità appare sempre pericolosa e i riformisti importuni, anzi inquietanti»[20].

Non si reputi bizzarro avere accostato in conclusione riforma e Tradizione, insinuando la soluzione del paradosso, per molti urticante. La Tradizione, sembrando a molti una forza limitatrice e conservatrice, dovrà, invece, essere riconosciuta come potenza di sviluppo e di purificante espansione, per la sua fedeltà a fruttare il talento della verità vivente, ben attenta a non seppellire.

Allora, affinché i padri non inaspriscano i figli (cf. *Efesini* 6,4), bisognerà

> Comprendere l'impazienza di coloro che, trovandosi impegnati sulle linee vive in cui la Chiesa è in contatto con un mondo terribilmente esigente, hanno il sentimento che il tempo urge e che non sono loro ad essere in anticipo sul loro tempo, ma piuttosto il tempo sulla Chiesa... Non si può esigere dai riformatori di non essere troppo impazienti se non domandando ai custodi della tradizione di non essere, dal canto loro, troppo pazienti; di essere sensibili alla pressione delle rivendicazioni che rischiano di esplodere un giorno, per essere state troppo a lungo compresse; d'unire al senso dell'attesa necessaria quello dell'urgenza dei bisogni, l'intelligenza dei segni dei tempi[21].

---

della fede, l'autore del «Santo» non ha trovato nulla di meglio che divulgare tra la folla de' suoi ammiratori italiani la riforma del cristianesimo divino per mezzo delle utopie di un umanesimo cristiano fatto di libero esame, di mistico razionalismo, di scandali farisaici, di indipendenza personale e di disprezzo della tradizione, avviluppato nell'ascetismo spasmodico di un visionario. Eh che non ha bisogno di tali santi la società per essere salvata, né meritavano un libro per metterli in onore!», *Ibidem*.

[20] YVES MARIE-JOSEPH CONGAR, *Vera e falsa riforma della Chiesa*, Jaca Book, Milano 1972, 252.

[21] *Ibidem*.

Bibliografia

Qui di seguito vengono indicati i testi utili per la comprensione del contesto e dei temi presi in esame in *Storia e dogma*, senza riprendere tutti i riferimenti presenti nelle note.

BLONDEL, MAURICE, *Storia e dogma*, Queriniana, Brescia 1992. Testo originale, in *Les premiers écrits de Maurice Blondel*, P.U.F., (Bibliothèque de philosophie contemporaine) Parigi 1956, 149-228; e in *Oeuvres complétes* II, P.U.F., 1995, 390-453.

BLONDEL, MAURICE, *Lettera sull'apologetica*, Queriniana, Brescia 1990.

BLONDEL MAURICE, *L'Azione. Saggio di una critica della vita e di una scienza della prassi*, Edizioni San Paolo, Milano, 1993.

BLONDEL MAURICE, *Principio di una logica della vita morale*, Guida Editore, Napoli 1969.

BLONDEL MAURICE – LUCIEN LABERTHONNIÉRE, *Correspondance philosophique*, a cura di CLAUDE TRESMONTANT, Editions du Seuil, Parigi 1961.

BLONDEL MAURICE - JOANNÉS WEHRLÉ, *Correspondance*, a cura di HENRI DE LUBAC, Aubier, Parigi, 1969.

VIRGOULAY, RENÉ- TROISFONTAINES, CLAUDE, *Maurice Blondel. Bibliographie analytique et critique*. I. *Oeuvres de Maurice Blondel (1880-1973)*. (Coll.

«Centre d'archives Maurice Blondel», 2), Éd. Peeters, Lovanio 1975. II. Études sur Maurice Blondel (1893-1975). (Coll. «Centre d'archives Maurice Blondel», 3), Éd. Peeters, Lovanio 1977.

LOISY, ALFRED, *L'Évangile et l'Église*, Picard et Fils, Éditeurs Parigi 1902.

LOISY, ALFRED, *Autour d'un petit livre*, Alphonse Picard et Fils, Éditeurs, Parigi 1903.

LOISY, ALFRED, *Mémoires pour servir à l'histoire religieuse de notre temps*, 3 volumi, Emile Nourry, Parigi 1930-1931.

***

ANTONELLI, MARIO, *Maurice Blondel*, Morcelliana, Brescia 1999.

CANIZARES, JAVIER SÁNCHEZ– TANZELLA-NITTI, GIUSEPPE, «La Rivelazione di Dio nel creato nella teologia della Rivelazione nel XX secolo», in *Annales theologici* 20 (2006), 289-335.

CIALDI, SERGIO, Genesi e sviluppo della filosofia di Maurice Blondel, La Nuova Italia, Firenze 1973.

CIAPPA, ROSANNA, *Rivelazione e storia: il problema ermeneutico nel carteggio tra Alfred Loisy e Maurice Blondel, febbraio-marzo 1903*, Liguori Editore, 2001.

CONGAR, YVES MARIE-JOSEPH, *Vera e falsa riforma della Chiesa*, Jaca Book, Milano 1972.

CONGAR, YVES MARIE-JOSEPH, *La Tradizione e la vita della Chiesa*, Edizioni paoline, Roma 1983.

FABRIZIANI, ANNA VITTORIA, *Blondel e i neotomisti. Momenti di un dibattito epistemologico*, Rubbettino, Soveria Mannelli, 2005.

FORNI, GUGLIELMO, *L'essenza del cristianesimo. Il Problema ermeneutico nella discussione protestante e modernista*, Clueb, Bologna 1987.

GILBERT, PAUL, «Maurice Blondel e la sua recezione in Italia. La "Logica della vita morale"», *La Civiltà Cattolica* (n. 3753, 4 novembre 2006, IV), 265-278.

GUASCO, MAURILIO, *Alfred Loisy in Italia*, Einaudi, Torino 1975.

ID., *Modernismo. I Fatti, le idee, i personaggi*, Edizioni San Paolo, Cinisello Balsamo 1995.

ID., *Alfed Loisy*, Morcelliana, Brescia 2004.

GARRIGOU-LAGRANGE, Réginald, «Verité et immortalité du dogme», in *Angelicum*, Aprile-Settembre 1947, 124-139.

ID., «L'immortalité des vérités définies et le surnaturel», in *Angelicum*. Ottobre-Dicembre 1948, 283-298.

GREISCH, JEAN, «Maurice Blondel et les aspects herméneutiques de la crise moderniste» in *Le modernisme*, Éditions Beauchesne, Parigi 1980, 161-179.

HENRICI, PETER, «Maurice Blondel "filosofo del Vaticano II"? Ricordi e riflessioni filosofiche sull'evento del Concilio», in *Gregorianum* 95, 1 (2014), 22-38.

ID., «Die Tradition: Wissen Christi im Lehren der Kirche: Maurice Blondel's 'Geschichte und Dogma' neu gelesen», in *Internationale katholische Zeitschrift 'Communio'* (46, n.3, Maggio-Giugno 2017), 243-254.

GAUTHIER, PIERRE, *Newman et Blondel. Tradition et développement du dogme*, Du Cerf, Parigi 1988.

KOERPEL, ROBERT C., «Between History and dogma: on the spirit of tradition in the demands and limitations of modernity», in *New Blackfriars* (95, n. 1055, Gennaio 2014), 3-20.

LUBAC DE, HENRI, *Il Mistero del Soprannaturale*, Jaca Book, Milano 2017.

ID., *Meditazioni sulla Chiesa*, Jaca Book, Milano 2017.

MARLÉ, RENÉ, *Au coeur de la crise moderniste*, Éditions Aubier, Parigi 1960.

MORETTO GIOVANNI, *Destino dell'uomo e Corpo mistico. Blondel, de Lubac e il Concilio Vaticano II*, Morcelliana, Brescia 1994.

NÉDONCELLE, MAURICE, «Les rapports de l'histoirie et du dogme d'aprés Blondel», in *Journées d'études* (9-10 novembre 1974). *Blondel-Bergson.Maritain-Loisy* (Coll. «Centre d'archives Maurice Blondel», 4), Éd. Peeters, Lovanio 1976, 91-107.

POULAT, ÉMILE, *Storia dogma e critica nella crisi modernista*, Morcelliana, Brescia 1967.

RUSSO, ANTONIO, *Teologia e dogma nella storia. L'influsso di Blondel*, Studium, Roma 1990.

SARTORI, LUIGI, Blondel e il cristianesimo, Gregoriana, Padova 1953.

SCANNONE, JUAN CARLOS, «La filosofia dell'azione di Blondel e l'agire di Papa Francesco, in *La Civiltà Cattolica* (n. 3969, 14 novembre 2015, IV), 216-233.

SCOPPOLA, PIETRO, *Crisi modernista e rinnovamento cattolico in Italia*, Il Mulino, Bologna 1961.

VIRGOULAY, RENÉ, «Une contribution de la philosophie à la théologie: étude sur la tradition d'après Histoire et Dogme de Maurice Blondel», in *Revue des Sciences Religieuses* (39, 1 Gennaio 1965), 48-67.

Indice

Premessa   5

Introduzione   9

Parte I – L'inquietudine
1. Un cristianesimo senza bastioni e il Modernismo   21
2. Un nocciolo senza scorza e il seme per l'albero   31
3. Il quadro teologico-spirituale   43
4. *In partibus infidelium*   57

Parte II – Storia e dogma
1. Il Problema   69
2. L'estrinsecismo   77
3. Lo storicismo   87
4. La Tradizione   109

Epilogo – La radice che conduce   143

Bibliografia   159

Finito di stampare nel mese di Ottobre 2021
presso Printbee - Noventa Padovana (PD)